コトバは生きている

谷口清超

日本教文社

はしがき

世界中、どこの国の人でも、言葉を使って生きている。しかもその言葉が国ごとに異なっていて、国の中でも場所によって少しずつちがってくる。方言と言われ、それぞれ特徴があり、面白いものだ。その地方の雰囲気がよくあらわれているからである。

しかしコトバは口ばかりで言うのではない。目くばせとか、目礼《もくれい》といって、「目でものをいう」こともあるし、おじぎをしたり、握手をしたりするのもコトバである。時には涙を流して悲しい心を現すが、嬉しい時にも涙で表現する。さらに表情や態度や行動でもコトバを表す。

だからコトバは「身《しん》・口《く》・意《い》」の〝三業《さんごう》〟といって、全てをふくめて業となる。善業や悪業ともなり、全生活を支配するから、「コトバは生きている」と言えるであろう。

それ故「幸福な生活」を送ろうと思うなら、それをコトバで表現しなければならない。たとえば「ありがとう」というような、感謝のコトバが沢山出て来ないと、幸福は訪れてこない。人の欠点ばかりをとがめてくらすと、人はどうしても不幸になるし、グチばかり言って幸福になった人は、どこにもいないのである。

さらに国家としても、法律や憲法が立派なものでないと、近代国家として繁栄しない。県や市町村の条令なども、すべてコトバで出来ているから、これによって市民の行動や生活が左右される。もしこの道路は「一方通行」と規定されると、そのように運転しないと処罰されるようになるものだ。

従って市民や都民は、より良い条令を作らないと、その生活が不自由となり、時には車の排気ガスや騒音で苦しめられる。法律でも憲法でも、その通り、吾われの生活に直結する。しかし人間の作った文章には完全無欠というものはないから、全ての憲法や法律には「改正条項」がついている。これは時世の移り変りによって改正してもよいというコトバであり、そのコトバが生きている。

その「生きているコトバ」を生かさないで、ある時代のある条件で定められたのを、あたかも「神のコトバ」の如く信じ込んでいるのでは、〝憲法信仰〟といっても過言ではないだろう。

時には時の司法官僚のコトバによって縛られている政治家もいるが、気の毒なことである。が同時に、コトバの力が如何に大きいかを示している現象ということができる。

このようなコトバの力は、さらに動物や植物にも及んでいる。彼らも泣き声や行動でコトバを発し、お互いに交通し合ったり、時には争い合ったりする。人と動物や植物との間にもコトバが通じ合い、コトバは宇宙にもこだまし、地球や太陽のコトバが人間や動物にも波及して、春夏秋冬の気候風土となるのである。

このようなコトバの働きを、四篇に分けて例示したが、どうか常に「コトバの力」を活用して幸福で健康な人生を御送り頂きたいと、心から念願する次第である。

谷口清超しるす

平成十四年一月十五日

コトバは生きている　目次

I　聖典のすばらしさ──『生命の實相』

1　心機一転のとき

明るいコトバ

平成十三年を迎えるとき、誰でも心が一新した。言うまでもなく、二十一世紀が始まるからだ。二十二世紀になっても一新するだろうが、今からそれを当てにしても、それまでこの地上で生き続けるとは思えない。あの世で果してどんな年月日が通用するのか不明だから、あまり遠い未来のことは、先送りした方がよさそうである。

しかしもしこの地球での生活が終り、肉体が死んだら、それでもうその人はどこにもいなくなると思うと間違ってしまう。何故なら人間は肉体ではなく、ある期間肉体を使って生活する「主人公」（魂）だからである。ちょうど自動車を使って買物に行ったり、仕事をしたり、旅行したりする人たちのように、肉体を自動車のように使っている「主人公」のいのちなのである。

そうでなければ、人間の自由や平等は、絶対にあり得ない。〝平等な肉体〟や、自由自在な肉体などは、どこにもないからである。そこでお正月になって、急にお化粧に精を出すのもほどほどにして、主人公である「人の心」を浄め高めるために、神社・仏閣・教会などに行って、祈ったり拝んだり、新生を誓ったりする習慣ができ上がったのであろう。

もっとも正月だからといって、だらしない恰好をしていると、心もたるんできて、新生したような気分にはならないものだ。肉体と心とは、お互いに影響し合うからである。正確に言うと、心が肉体や環境にあらわれ、その肉体や環境がまた心に影響するのである。人が静かな森や聖域に入ると、心も安らかとなりストレスも静まる。その反対に騒然たる闘争の現場に行くと、心が波立ち騒ぐことは、多くの人々が体験している所であろう。

そこで心を静謐《せいひつ》にするためには、とにかく家庭内を安らかな楽しい場所にしなくてはならない。部屋の中に、一鉢の植木や活け花があるだけでも、その雰囲気は変わるものだ。

一家の主婦が明るい笑顔で、夫や子供達にやさしいコトバをかけるか、三角眼《まなこ》で文句を言うかどうかで、忽《たちま》ち「一年の計」が素晴らしくもなり台なしにもなる。だからわが国では、新年にはお互いに、

「おめでとうございます」

の言葉をかわし、

「今年もどうぞよろしく……」

などと挨拶するのである。明るい言葉や、感謝のコトバくらい、人々の魂を浄め高めるものはないと言ってもよいだろう。

あいさつ

ところで最近は、挨拶をしなくなった大人や子供がふえたという話である。道で出あっても挨拶をしない。わざと顔をそむけたり、近くを通っても、ツンとしているだけという状況が見られるようだ。犬や猫でも、何かうれしそうな表情を見せるのに、人間様の肉体

だけがツンとしているのでは、魂は飢《う》え渇《かわ》くであろう。

例えば平成十二年八月十八日の『読売新聞』には次のような投書がのせられていた。

『 自営業　小平　権　51（札幌市）

スーパーのレジで、店員が「サービス券を差し上げましょうか」と私の前にいた高校生に尋ねた。ところが、驚いたことに高校生は一言も発しないでその場を離れた。私が「何も返事をしない若者が増えていますね」と言うと、店員は「確かに多いです」と言った。

なぜ、「はい」や「いいえ」が言えないのだろうか。簡単な意思表示すらできないとなると教育の根幹が問われる深刻な事態である。早期の英語教育も結構だが、母国語での表現は最も大切だろう。

小学校の授業に、物事の説明をしたり喜怒哀楽を表現しあったりする〝おしゃべりタイム〟を設ける必要があると、私はかねてより考えている。高学年では討論の時間も必要だ。例えば、クラスの座席をどうすれば全員が納得できるように決められるか討論するのもいい。感情的にならずに賛成や反対意見をきちんと述べ合い、全員がわがままを通せないことを身をもって学ぶべきだろう。

私の経営する塾では、生徒にいろいろなことを話しかけ、帰る時には「仲良く帰りなさい」「車に注意しなさい」などと声をかけている。しかし、こうした最低限の言葉すら子供に話しかけない親も少なくないと聞く。子供は話しかけられることで成長する。言葉が通じなくなった世界では、暴力がものを言うだけだ。

豊かな言葉の世界の中でこそ人間性も育つことを忘れてはならない。』

やさしい言葉

魂とか心といっても、その中身はコトバなのである。ただそれは必ずしも耳で聞こえる言葉ではない。実在のこゝろはやはり「神のコトバ」であり、「神」そのものである。だから「神」という漢字は「示す偏に申す」と書いてあって、示すも申すもコトバのことだ。人がよく「良心」が咎《とが》めるなどという時の「良心」も、内在する神の心であって、全ての人は「良心」を持ち、みな「神の子」であり神性《しんせい》・仏性《ぶつしょう》であると言える。だから、「神の言」のような「愛のコトバ」でもって話しかけ、受け答えができるならば、この世の中の争いや不祥事は皆消え去ってしまうに違いない。平成十二年八月十八日の『産経新聞』には、こんな投書ものっていた。

『　　　　　　　　　　　　　　　　　　小沢道子　47（兵庫県芦屋市）

その光景を見たのは駅前のハンバーガー店だった。娘と二人で二階席のドアを開けると、その外国人は既に一人で静かに食べていた。私たちも少し離れた場所に座って食べ始めた。間もなく三人の高校生か大学生くらいの男の子が入ってきて、外国人の近くの席に座った。

五分もたったころだろうか。その外国人が静かに立ち上がってその男の子たちに近づき、二言、三言何か話しかけた。

その様子は、まるで知人に話しかけるような自然さだった。次の瞬間、私は事のすべてを理解した。一人の男の子が、持っていたたばこをもみ消したのだ。

そういえば、入り口のドアに「全席禁煙」と書かれていた。日本人の大人としていたたまれなかった。もし、私があの外国人のように気づいたとしても、注意できたか。マナー違反に対して気づいた者が注意するのは当然のことという、気負いのない態度で注意できただろうか。

親しみすら感じられる穏やかな言い方。あんなすてきな注意の仕方では、新聞に出ていた「注意され、かっとして…」ということは起こらないのではと思った。いろいろと考えさせられた光景だった。

（主婦）』

同じ内容を言うにも、言い方により、温かくひびいたり、きつくて叱られるように受け取られたり、色いろである。最近のテレビなどでは、沢山の劇が上映され、会話が交されるが、あまりにも怒鳴り合ったり、争ったりする場面が多くなりすぎたようだ。これを大人たちが面白がって見ているうちに、その家庭では〝温かい言葉〟が消え去ってしまう。子供たちもそうした怒りのコトバの雰囲気内で、いつの間にか教育されるという結果になるのである。

転機が来る

こんな時には、いち早く別の静かな番組に変えるか、内容豊かなテープやCDなどを聞いて心機一転するのがよろしい。すぐれた中身のある読書をしたり、神想観*をしてから眠りにつくと、魂は豊かに肥え太るのである。

さらに「心機一転」の機会は、転職や転任など色いろとあるが、それらを恐れたり嫌ったりしてはいけない。人は誰でもこのような転機をいつか迎えるものだからである。その一つが結婚だという場合もある。高知市介良乙《けらおつ》という所に住んでおられる大久保清子さん(昭和二年十一月生まれ)は、平成十二年七月十七日の総本山での団体参拝練成会*で、次のような体験を話して下さった。

清子さんのお母さんは、清子さんがまだ二歳に満たない時に結核で亡くなられたという。それまでは子供に病気が移るといけないというので、生まれるとすぐ余所《よそ》に預けられた。するとお母さんが亡くなられた時、清子さんは衰弱し切っていて、今にも死にそうな様子だった。そこで母方の祖母が、

「この子は三つまで生きられるだろうか」

と心配されるくらいであった。といっても、父親はとてもこの子の面倒は見切れないというので、母の実家に連れて行った。実家では母の兄に当たる伯父さんも早死にしたので、

伯母といとこと祖母との女性三人の農家だった。伯母さんは清子さんがあまりに弱そうだったので、乗り気ではなかったが、世話をして育てているうちに、こうしてあずけられたことに次第に腹が立ってきたらしい。

やがて清子さんが六歳になったころには彼女の父も亡くなった。するとその後、伯母さんは彼女を「親なしの、家なしの、厄介者《やっかいもの》の、居候」と、ありとあらゆる悪口雑言《あっこうぞうごん》で、当りちらすようになった。清子さんはそんなひどい言葉で呼ばれる度に腹が立ち、心はすさんできて、泣くにも泣けないような不幸な毎日を送った。そして早死にしてこんな目にあわせた父母を恨み、なんで自分もあの世に連れて行ってくれなかったのかと思い悩んだのである。

だからいつも「死にたい」という思いにさいなまれていたが、自分が死ねば祖母が悲しむだろうと思い、祖母を悲しませたくない思いと、いつか伯母に仇《かたき》をとってやろうという思いの二つをたよりに、暗くて淋しい青春を送ったのだった。このような人を恨み憎む心ほどつらい思いはない。しかしやがて彼女にも、結婚するという転機が訪れた。

三業の働き

しかも幸いなことに結婚の相手の母である姑さんは、やさしくて愛ふかい人で、まるで神様か仏様かと思えたほどだった。ご主人の精智《よしとも》さんもやさしい立派な男性で、そのため清子さんの「人間不信」は徐々に癒《いや》されていった。暗い心にも薄日がさして来たのだ。けれどもこれは決して「偶然にそうなった」というのではないだろう。誰でも結婚すればそうなれるものなら、こんな良い話はまたとないが、結婚は必ず「業《ごう》の似たもの同士が結び合う」行事である。「業」とは行為の積み重なったものを言うが、「身《しん》・口《く》・意《い》の三業《さんごう》」が考えられる。即《すなわ》ち身体で行ったこと、口で言うコトバ、そして心の中の思いの三つである。しかしこの三業は、今の世に生まれてからの業だけではなく、前世からの業が続いて蓄積されているものだから、清子さんにはそれだけの「善業」があったのにちがいない。幼児のころのしばらくは、淋しくて悲しい日々もあっただろうが、それを堪えしのんだだけのことはあった。人の心には「堪える」とか「待つ」という美徳がとても大切な意味を持つものだから、現代人も未来人も、「訓練に堪える」という練習がとても必要な人生課題である。

清子さんの場合は、姑さんの妹さんが「生長の家」に導いて下さった。ある日この叔母さんが、「とても良い話があるから、ちょっと来て……」とすすめて下さった。それも再三すすめられてから、やっとその〝お話〟を聞きに行ったところ、そのお話がとてもすばらしかった。彼女は永年求め続けていたのはこれだと強く心を打たれ、それからは『生命の實相*』を一冊、二冊と買い求め、むさぼるように読んだ。

生き通しのいのち

するとその中に「人間は神の子である。完全円満であり、いのちは生き通しである。肉体は本当の自分ではなく、いのちこそが自分であり、神の子である」と教えられた。すると彼女は嬉しくて楽しくて仕方がなくなった。それまで自分は〝親なし子〟で、みじめな人間だと思っていたが、「そうではない」と気がついた、「神の子だ！」と判った。それ以

来彼女は、

「私は神の子・完全円満」

と、唱え続けた。道を歩きながらでも、そう唱えて、うれしくて有り難くてたまらない日々を送った。世の中全体が輝いて見えた。そうなってくると、自分の両親も亡くなっているのではなく、生き通しておられると分かり、今まで父母が早死にしたことを恨んでいて、すみませんでしたと、心からお詫びすることができた。そして又「この世に生んで下さって、ありがとうございます」と感謝することもできたのである。さらに生長の家では、

「天地一切のものに感謝せよ」

と教えられている。しかし清子さんの伯母に対する恨みだけは、中々消えなかった。けれども心が開けてくると、伯母さんの身になって考えるという余裕もできてきた。すると伯母さんも若くして夫を亡くしてつらかったであろう。そこに厄介者の私を背負い込んで、色いろと腹の立つこともあったのだろう……そう思うと気の毒になって来た。

喜寿のお祝い

しかもそのころは戦中戦後の食糧難の時代だった。その困難な時でも、私は飢えることはなく、養育してもらい、宿なしにして放り出されたのではなかった。これはとても感謝しなくてはならない事だと気が付いた。ところが伯母の言葉じりに引っかかり、それに振り回されて、伯母を恨み、呪いしていたのは、何という浅はかな自分だったのだろう、と反省した。

そこで遂に伯母さんが七十七歳の喜寿を迎えた時、伯母さんにお祝いの品物を買って、お礼に出かけた。そして伯母さんに、「おめでとうございます」と挨拶をして、お礼をのべた。すると伯母さんはこう言われた。

「お前には、こんなことをしてもらわれんのに、おまんさま、ありがとう、ありがとう……」

と、その品物を押し頂いて、涙を流して喜んで下さったのである。清子さんはその姿を見て、今ここが天国だと思った。これが〝極楽浄土〟だと実感した。こうして清子さんの心が変わったとき、今までの伯母の意地悪は全く消え去り、やさしい本当の伯母、房枝さんの姿があらわれ、お互いに手を取り合って感謝し合ったのである。

これもまず清子さんの心が「神の子・人間」を知り、全ての人々に感謝することの正しさを自覚し、その感謝の念をコトバに現し、お祝いに出かけ、ちゃんと挨拶したことから実現したのであって、ただ黙って、何の表現もせず、自室にとじこもっていたり、恥ずかしい思いの一点張りでいたのではなかったからよかったのである。

「伯母さんは二十年かかって、私の魂を磨いて下さった」

と清子さんは気がついた。やがてその伯母さんが亡くなられる前には、毎週病気見舞に通っていたが、お見舞に行くたびに付添いさんが、

「まあ、今日は朝から、あんたが来る言うて待っておいでたどね」

と言われ、伯母さんには、

「ほらほら、いとしの姪ごさんですよ」

と口添えして下さったということだ。このように心が変わることによって、住む世界は

一変する。しかし心の変わる方向が一番の問題点であるから、できるだけ多くの人々が正しい信仰を持ち、人間の本質が何かということを知るように助力してあげることが大切である。現在清子さんは生長の家の地方講師*としても大活躍をしておられる白鳩会員*さんである。

＊神想観＝生長の家独得の座禅的瞑想法。詳しくは、谷口清超著『神想観はすばらしい』参照。（日本教文社刊）

＊総本山の団体参拝練成会＝長崎県西彼杵郡西彼町喰場郷一五六七にある生長の家総本山に、団体で各教区ごとにとまり、参拝し受ける練成会。練成会とは、合宿して生長の家の教えを学び、実践する集い。

＊『生命の實相』＝生長の家の基本聖典。頭注版・全四十巻、愛蔵版・全二十巻。昭和七年発刊以来、累計一千九百万部を数え、無数の人々に生きる喜びと希望を与え続けている。生長の家の創始者・谷口雅春著。（日本教文社刊）

＊地方講師＝自ら発願して、生長の家の教えを居住都道府県で伝える、一定の資格を持ったボランティアの講師。

＊白鳩会員＝生長の家の女性のための組織に属している人のこと。全国津々浦々で集会が持たれている。

2 無邪気な心

満たされない思い

新しい年を迎えると、誰でも「今年こそより幸せになりたい」と思うだろう。ではもっとお金がもうかり、おいしいものを食べ、美しい恰好をしたいのかというと、そうでもない。それも結構だが、もっとスガスガしくて、気持のよい心になりたい。仲のよい家庭生活を送りたいと思うだろう。そのためには、ひとに深切にしてあげるに限るのである。

「してあげているよ」

と言うかも知れないが、もう一言つけ加えると「無条件で」という条件がつく。これがつくと、家族を含めて誰かに何かしてあげていても、いくつかの条件がくっついた深切であったなと判るだろう。これでは中々幸福感が出て来ないのである。

「こうしてあげたら、もっとよくしてくれるかしら」

「これだけつくしたら、愛してくれるのじゃなかろうか……」

「これだけ言ったのだから、もっとしっかりしてくれてもよいのに……」

などといった気持が、いつの間にか「幸せ」を阻碍している。物質的には豊かでも、何かスッキリしない日々を送る人が多いのもそのせいであろう。

少し古い小説だが、夏目漱石氏が最期に書いた小説に『明暗』という長篇がある。この中に津田由雄という主人公（三十歳の会社員）とその妻の延子（二十三歳）という新婚夫婦が登場するが、二人は結婚してまだ半年くらいで、表面は仲のよい夫婦だ。夫は教養もあるしハンサムだが、痔がわるくて小林医院で手術をしてもらう。一方延子さんはとてもとても夫を愛していて、よく気のつく、行きとどいた、目が細くて、眉がよく動く魅力的な女性である。

彼女は夫を愛していて色々つくすのだが、同時に夫からも「私だけを愛してもらいたい、他の女にちょっとでも目をくれちゃ嫌」という強い願望を持っている。ところが、この条件は中々みたされない。表面的には品行方正の津田さんだが、何となく女の直感で、何か彼女だけを愛しているのではない所があるんじゃなかろうか……と感じて、満たされない。何か用事があると人力車で外出したり、電話でも中々自由には使えないといった時代の話だ。

絶筆

ところが彼女の直感の通り、彼には昔つき合っていて、結婚スレスレまでいった清子という女性があった。しかし彼女は突然何の理由も言い訳もなく、関という学者肌の青年の所へ嫁いでしまったのである。この秘密を知っているのが、由雄の妹の（堀）秀子と、吉川夫人という彼のつとめる会社の重役夫人（そして延子と由雄との公式仲人）、それに小林という無頼な無産階級的貧乏青年で、彼が延子に清子とのことをホノメカシタのではないかという疑いを、由雄は持つのである。

これらの人々の心理的に入り組んだ会話がストーリーを引っぱって行くこの小説を、百八十八回も『朝日新聞』に連載させ、遂に未完成のままで終るのである。

しかも最終の何回かに、わずかに清子が登場してくる。関に嫁いだ彼女は、最初の子を流産して、その後保養に行った。湯河原の奥の古い温泉宿で、同じように手術後の保養に来た津田とが出あうのだ。けれども通俗小説のように、知らず知らずパッタリと……ではなく、津田は吉川夫人にすすめられ、清子と会う目的をもって出かける。吉川夫人は清子と延子との両方を知っているが、清子の方に好意的で、何となく延子を嫌っていたせいであろう。

何故延子が夫や仲人からあまり愛されていないのかというと、やはり彼女が愛を独占したいと願っているからのようだ。一方清子さんは何の細工もせず、そのままなのである。津田が彼女と湯河原で出会った時、あまり突然だったので清子は蒼《あお》くなり、硬くなった。津田は翌日、彼女の部屋に行って色々と話をする。そして昨日の出会いについて、

『つまり驚いたんでしょう』

『ええ随分吃驚《びっくり》したわ』

と素直に答え、彼女は彼の持参したリンゴの皮をむいてくれた。その時津田は、一年以

上昔に彼女と別れる以前の光景を思い起した。当時の清子は、『自分に解らない未来を挙げて、彼の上に投げ掛けるように見えた。従って彼女の眼は動いても静であった。何か訊こうとするうちに、信と平和の輝きがあった。彼は其《その》輝きを一人で専有する特権を有《も》って生れて来たような気がした。（中略）二人は遂に離れた。そうして又会った。自分を離れた以後の清子に、昔の儘の眼が、昔と違った意味で、矢っぱり存在しているのだと注意されたような心持のした時、津田は一種の感慨に打たれた』

と書いてある。そこで彼は彼女が彼を捨て去って行った理由を訊きたいと思った。しかし言い出しかねて、

『「貴女は何時頃迄お出です」

「予定なんか丸でないのよ。宅《うち》から電話が来れば、今日にでも帰らなくっちゃならないわ」

津田は驚いた。

「そんなものが来るんですか」

「そりゃ何とも云えないわ」

清子は斯《こ》う云って微笑した。津田はその微笑の意味を一人で説明しようと試みながら自

分の室に帰った。』

という所で絶筆となったのである。作者は大正五年十一月二十一日の午前中に書き終り、その翌日発病（胃潰瘍）して、十二月九日に昇天されたからである。

自然法爾

要するにこの小説では、何故清子が去ったのかの説明がされていないから、その後様々な文人たちがその理由を想像して議論した時代があった。しかし漱石は、清子に会っていると津田はごく自然な気持で、のびのびしたが、一方延子については、『彼女は津田に一寸の余裕も与えない女であった。其代《そのかわ》り自分にも五分《ごぶ》の寛ぎさえ残して置く事の出来ない性質に生れ附いていた。彼女はただ随時随所に精一杯の作用を恣《ほしいまま》にする丈であった。勢い津田は始終受身の働きを余儀なくされた』

と記されている。ところが清子はごく自然体であったから、津田は積極的になりえたという説明も書いてある。夫と妻との間にあっても、妻の心のあり方で、夫を無口にしたり、受動的にし、窮屈な思いをさせて、しかも「心のかぎり夫を愛している」と言う女性もいる。しかしその場合、夫からも同じくらい愛されたいという願望を（愛の条件として）持っていると、中々幸福感を味わえないものだ。こちらが自然であると、向こうも自然になる。すると妻は夫のリードに従うことが、ごく自然にできる。これはいつの時代にもありうる原則であり、その自然も「そのまま」という本当の自然であり、欲望のまま欲望に動かされたニセの自然であってはならないのだ。

こうした「そのままの心」はとても大切で、これを宗教的には自然法爾《ほうに》と言い、自然《じねん》と区別して自然と発音する人もいる。子供の持っている無邪気さに似ているが、子供でも欲の皮をつっ張らせると、飛行機の中で、

「いやだー、いやだー、降りるー」

と泣き叫ぶ醜態を演ずるが、これは主として母親の生活態度の見本を展示していると言っても過言ではない。一方母親や父親が、本当に愛をもって平和な生活を送っている家庭の子供は、いつの間にかエチケットにかない、気持のよい姿を展示してくれるのである。

例えば、平成九年八月十五日の『産経新聞』の投書欄には、上原寿枝さん（滋賀県新旭

町）という方の次のような文章がのっていた。

『学校が夏休みに入って、ＪＲの電車内は家族連れでにぎわっています。先日も京都の病院からの帰りに、座席を確保しようと、一列車を見送ってから、やっと四人掛けの座席に座ることができました。車内はクーラーが効いていて、ウトウト眠ってしまいました。

突然、「ここ座ってもいいですか」と標準語のかわいい声に、フッと目を開けると、私の横の席に、おもちゃを大切そうに持った幼稚園児くらいの坊やが腰掛けました。今まで空席に座るときに、声を掛けることも、掛けられたこともなかったので、一瞬びっくりしました。

私は、その言葉に、つい「お母さんは？」と尋ねると、「あっち」と振り返ったが大勢の人で確認できませんでした。そして「お姉ちゃんも一緒、水泳に行くの」とうれしそうに言う。「どこへ？」と聞くと「分からない…。これ、偽物のたまごっち」と、その小さなおもちゃをいじり始めました。

お向かいの席の方もニッコリ坊やを見つめられ、さわやかな雰囲気に包まれました。

最近、知らない人に声を掛けることは、タブーとされていますが、こんな年寄りに話しかけてくれた坊やがうれしくて忘れられず、皆が安心して言葉が交わせる世の中であってほしい、と思った一日でした。（自営業）』

無邪気と同情と

このような無邪気さは、あいさつがスラスラと出来る点にもよく現れている。空いている席に坐るのでも隣の人に声をかける。ちょっとした行いだが、それができない人も多いのだ。父や母がそうしないと、子供は父母をマネルから、やりはしない。人にぶつかっても平気だし、ぶつからなくても、相手をドキンとさせて急に身をかわしたりする。エレベーターの中にでも、降りる人が降りない前に入ってくる子供がいる。それをとめもしない母親が、無言で立つ――これが現代日本人ということになると、「とかくこの世は住みにくい」となるのである。

無邪気さは、勿論子供だけの所有物ではない。無邪気な爺さんや婆さんがいても、ちっともおかしくないし、このような方々は邪気という娑婆《しゃば》っ気を洗い流しているから、洗練されていて、長寿をたもつのである。さらに無邪気な奥さんは、夫から愛される。その心が天然自然であるから、和顔・愛語・讃嘆が自然にできるのだ。するとそれが「神意」に叶うから、困難や不都合がいつの間にか解決して行くのである。

「無邪気だと、だまされるのじゃないか？」

と思うかも知れないが、だまされないように、自然に方向転換ができる。「鼻が利く」とも言うが、これは肉体の鼻のことではない。自然に、スラスラと「導かれる」ようにして、正しい道に乗ることが出来るものだ。

例えば三重県名張《なばり》市桜ヶ丘三〇八八に住んでおられる箕浦京《みのうらきよう》さん(昭和二年一月生まれ)は、第二次世界大戦後高校に勤めていた。当時はほとんどの青年が戦争に行ったので、内地では「男一人に女トラック一杯」といった割合の結婚適齢者だった。するとある日、学校へ訪ねて来た人がこんな話をする。

近くにとても自分の息子を可愛がってくれる上司がいるが、満州から引き揚げた人で、奥さんが結核で亡くなられた。御主人は上の子を自分（上司）と一緒に会社の寮に入れ、下の子を養護施設に入れて大変苦労をなさっている。誰かどこかに良い後妻さんになる人はいないものだろうか――

当時京さんは三十歳になり、お茶やお華やお琴など好きなことをしていたので、「私が行って、助けて上げましょう」と思い、同情結婚をしたのであった。これはすでに最初から「助けて上げよう」という心であるから、相手は「助かった、ありがとう」と思ってくれないと困る。夫よりも上に立つ心で、「そのまま」とか「自然法爾」とは異なっている。するると結婚しても、中々うまく行かない。ことに次男君は家庭生活になじまず、反抗的であった。京さんは「こんなはずではなかった」と思い悩み、夏休みには逃げて帰ろうか、冬休みには別れようか……といった気持で暮らしたのだった。

一方御主人は、心が満たされないから、日に日に酒量がふえて来て、結核を発病し、入院ということになった。そこで家中で検診してもらうと、京さんの右肺にも大きな腫瘍があると言われ、結核腫と診断されたのである。当時結核には特効薬がなく、死病とされたが、その腫瘍であるから重病だ。そこで夫婦二人がそろって京都大学附属病院に入院した。そんな時、勤め先の校長先生が、

「箕浦さん、あんたはええ人やのに、何でそんなに苦労するのやろな。入院したら、宗教

の本でも読んでみるやか」

と助言して下さった。

導かれて信ずる

箕浦さんの家は日蓮宗だ。そこで言われる通り法華経の講話の本を買って来て読んでみたが、難しくて歯が立たない。そこで出入りの本屋さんに、

「私の解るような宗教の本はありませんか」

と訊ねた。するとその本屋さんが誌友さんだったものだから、次から次へと生長の家の本を持って来て下さったのである。さらに又隣のベッドに入院している人が、朝から晩まで本を読んでいるので、

「私にもその本を見せて」

というと、その本が『生命の實相』だった。こうして知らず知らずのうちに京さんは生長の家の信仰に導かれた。昼は『生命の實相』を読み、夜は『甘露の法雨*』を写経すると

いった安らかな生活を送った。さらに病院の教授が回診される毎に、

「あなたの病気は手術の適応症だからゼヒ手術しなさい」

とすすめてくれる。しかし助教授の人が彼女の恩師だったので、そっと耳打ちをして下さった。

「手術には適応する身体と、適応しない身体がある。断れるのはあんただけやから、断りなさい」

手術をしようかすまいかと迷っていた京さんは、主治医に手術をしないと断った。一方朝に夕に聖経*を読誦し、『生命の實相』を熟読したのである。するといつの間にかその結核腫が消えてなくなった。その時助教授がその快報を聞いて、

「あなたには、あのお薬が奇跡的に効いたね」

といってとても喜んでくれた。彼女はその言葉も素直にその通りだと思った。やがて退院し、さらに聖使命会*にも入会し、生長の家の真理を深く勉強して行くにつれて、これは自然治癒の力が自然に現れて来たのだった、と信ずるようになったのである。

このようにして最初京さんは「困った立場にある人を助けてあげよう」という同情結婚

をしたのであった。これは愛は愛であるにしても、夫婦生活に適する愛ではなく、憐憫の愛である。そこで結婚生活には不適応な心情であったし、そのままの心ではなく、本当の無邪気な心というのでもなかった。それ故すぐには幸福になれなかったが、しかし人を傷つけたり、迷惑を与えて平気でいるような欲張りの心や不倫の心でもなく、善意であったから、自然に救いの手が現れて来て、今までの困難な人生から本当の幸福生活へと導かれて行ったのであった。

彼女はその後御主人とは死別したが、熱心に生長の家の運動に献身し、現在では地方講師ともなり、白鳩会の副支部長としても大いに活躍しておられるのである。

＊『甘露の法雨』＝宇宙の真理が分かりやすい言葉で書かれている、生長の家のお経。詳しくは、谷口清超著「『甘露の法雨』をよもう」参照。（日本教文社刊）

＊聖経＝『甘露の法雨』を始めとする生長の家のお経の総称。他に『天使の言葉』『続々甘露の法雨』『聖使命菩薩讃偈』などがある。（日本教文社刊）

＊聖使命会＝生長の家の運動に共鳴して、月々一定額の献資をする人々の集まり。

3　あなたの心が浄まると

肉体は着物である

世の中の多くの人は、「完全無欠」ではない。どこかに欠点があったり、身体が弱かったり、貧しかったりする。夫に妻に不満があるとか、親に感謝できないという悩みがある人も多いだろう。しかしそれは、人間本来の姿ではない。人間そのものではなく、肉体人間を見ているから、不完全に見えるのである。しかし肉体は、「人間そのもの」ではなく、人間の〝衣服〟のようなもので、やがていつかはその肉体を捨てて行くのである。それを〝死〟というが、本当の死ではなく、肉体という衣服を脱ぎすてて、見えない衣服に着替えしたようなものなのである。

だから「人間そのもの」は死んではいない。生き通しのいのちなのだが、着物や肌着を色々と取りかえて、人間は生き続けるのである。「どうしてか」と聞くかも知れないが、色々の生活を経験して、本当のいのちの素晴らしさを表現して行くためだ。「無限に生きるいのち」は実にすばらしく、完全である。これを「神の子」と言ったり、「実相」とか「仏」とかと言う。日本では昔から「神」としてお祭りした。これが「人間そのもの」であり、あなたの「実相」（実在）であり、「不死・不滅」の本体である。この本質のすばらしさを「表現」するために、仮の姿として肉体をつけて今生活している。肉体という道具（着物や乗り物）を通して、すばらしさを表現するためである。表現するのが「喜び」だからである。

丁度あなたが持っている着物を、タンスから引き出して着るようなものだ。表現してそれを着て、パーティーに行くのが楽しみなように、又演奏会へ行ってバイオリンやピアノを弾《ひ》いて（表現して）あなたの力をあらわし出すのが楽しみなようにである。しかしそれがうまく表現できないと、悲しかったり、苦しかったりする。それは「もっと〝本当のあなた〟を現しなさい」という内心の声を聞いて、自分で自分を激励《げきれい》しているからである。だから一時的に、病気したり、不完全な肉体や生活環境だったりしても、決して悲観して、やけくそになってはいけない。最後まで明るい心で、練習したり、勉強したりしていると、きっとよい変化が起こってくる。そして〝本当のあなた〟の素晴らしさが次第《しだい》に現れて来るものである。

結婚して子供が欲しい

例えば病気の一例をあげると、奈良市六条西五丁目に住んでおられる山本道子さん（昭和九年五月生まれ）は、中学二年生の時から結核にかかり、十二年間も療養生活を続けたことがあった。そのころはまだ結核に効《き》く特効薬のない時代で、友達が一人又一人と死んで行く。同期で社会復帰できたのは彼女だけだったということだ。その時お医者さんが、

「よう助かったな。本当はあかんと思うとったのやで。結婚はしてもよいが、子供は考えた方がよいよ」

と忠告した。それを聞いて、自分が生きられるという嬉《うれ》しさよりも、

「私には、教養も学歴もない。お金もないし、美人でもない。何の取り柄もない人間だ……」

と思い込み、劣等感の塊《かたまり》みたいになったのである。そんな彼女に親は「あせることはない、ゆっくりしいや」と言って、化粧品のセールスを薦めて下さった。するとその会社の所長さんが安藤米尾《よねお》という生長の家の講師さんだったのである。

そんなことから道子さんは安藤さんによって、生長の家の「神の子・人間・円満完全」の教えを聞くことになった。これは本物の人間は、肉体や環境がどうあろうと、完全なすばらしい「神の子」だということだ。しかし最初のうちは反発を感じ、宗教は嫌だと思って、永い間無視していた。けれどもそのうち安藤講師のお宅ではじめて誌友会*が開かれるというので、再びさそわれた。道子さんは、

「まあ、聞くだけなら聞いてみようか」

と思って参加した。その時の誌友会に話しに来られたのが、大阪の吉倉弘子講師で、当時の大阪教区教化部長*夫人だった。そのすばらしい信仰のお話を聞いているうちに、道子さんは心の眼が開いたような思いで入信する気持になったのである。それからは『生命の

實相』を読み、四十巻もある全巻を六ヵ月で読みあげた。すると今までの肉体人間観が、神性・仏性の人間観にかわり、「本物の人間」のすばらしさが分かって来た。

すると今迄病み上《や》りで、四十二キロの体重しかなくてガリガリに痩《や》せていたのが、次第に太って来て、やがて五十六キロになり、やっと娘さんらしいフックラとした姿になった。それがとても嬉しくて、凡《あら》ゆることに自信がつき、劣等感から脱却して行ったのである。今まで不平不満だらけだったが、すっかり変わって明るくなり、笑うようになり、感謝するようになった。すると運命もガラッと変わってくる。心の思うように（信ずるように）なるのが、この現象界の法則だからである。

こうして道子さんには欲しいものが次々に与えられはじめた。そこで彼女は、こう祈った。

「神様、私は、お婿さんが欲しい！」

するとすばらしい忠房《ただふさ》さんというご主人が与えられることになった。安藤講師の紹介で見合いをして、結婚の話がきまった。さらに道子さんは「子供が欲しい」と思い出した。かつて結核を患《わずら》った時、お医者さんからは「子供はいかんよ」と言われたけれども、私はどうしても子供が欲しいと思った。というのは結婚前に夫とデートした時、二人で遊園地を散歩した。するとその時、彼はこう言ったのだ。

「男が一人で遊園地を散歩するのは、みじめなものだよ。皆アヴェックや家族連ればかりだ。いつかは自分も妻を連れ、子供達を連れて、満開の桜の下で弁当を食べたいなと強く思った」

と話したことがあった。その言葉を思い出し、私はこの人のために子供を生みたいと決めた。そこで道子さんは宇治の生長の家の別格本山*に行って、そこに建っている観音様のお像にお詣《まい》りした。その観音像は全国の流産児をお祀りするために建てられたものだが、道子さんはその観音像の前でこう祈ったのである。

自分が筋書きを作る

「あなた方《がた》流産児さんの中で、私の子供として生れ変って下さる方があったら、どうぞ私のところに来て下さい。お待ちしています」

人間は肉体ではなく、肉体はその衣服のようなものである。だから流産児でも誰でも、その魂は生き通していて、次の人生の舞台に生れ変って来るものだ。その次の人生（次生《じしょう》）は、その人の生活に一番ふさわしい家庭であり、環境である。これが「心の法則」であるし、「業《ごう》の法則」である。だから父母の業と子供の業とは似ているのであって、必ず因縁のある家庭に生まれて来る。こうして祀り求めて下さるお母さんの所には、その子となるのに一番ふさわしい子供さんが生まれて来るのが「法則」であって、とんでもない子供が生まれるということはない。

するとこうして祈った道子さんには、すぐさま妊娠の兆候《ちょうこう》が現れた。そして無事《ぶじ》長女の祈《のり》子さんが生まれたのであった。すると道子さんはうれしくてたまらない。だが一人子では可哀そうだと思って、また宇治の別格本山に行き、真剣に次の子供を祈った。すると再び「すぐ来て下《くだ》はりました」のである。これが雅代さんという次女だ。すると今度は祈りに行かないのに、すぐ又年子で三女の悦子さんが生まれた。（道子さんの説によると、三女さんは双児《ふたご》で生まれるはずの所を、母の身体を思いやって、一年待ってくれたのだろうと言うのだが）

こうして道子さんの身体もすっかり元気になり、子供も当り前に三人生まれ、ご主人とも仲よく楽しく暮らしておられるのである。現在彼女は地方講師として活躍し、白鳩会の支部長として誌友会も開き、伝道活動を明るく進めておられる。三人の娘さんの中で祈子さんは、カナダのトロントに嫁ぎ、子供も生まれたそうだ。彼女はさらにトロントの生長の家の青年会*にも入ったから、次々と明るい運命が訪れて来ることであろう。

このように一時的に病気になったり、不都合《ふつごう》なことが起こったようでも、それは現象界という仮の舞台の芝居のようなものであって、本当の人間が不完全なのでもなく失敗したのでもない。それは芝居の脚本家が書いた筋書きのようなもので、役者はその役をやっているだけである。芝居では脚本家が別にいるが、現実の世界では自分が脚本家であり、作者であり、しかも主役を演ずる役者さんであるから、心が変われば筋書きも変わり、「病人」から「元気なお母さん」に変わったり、「暗い人」から「明るい人」に変わり、いくらでもすばらしい世界へ出ることが出来るのである。

ギプス・ベッドでラジオを聞いた

さらに又次のような実例もある。仙台市太白《たいはく》区四郎丸字神明《しんめい》に住んでおられる松崎勢津《せつ》子さん(昭和十年十一月生まれ)は、学生時代に結核性の腰椎《ようつい》カリエスを患った。骨が腐《くさ》って神経が冒《おか》されたので、身体がしびれて激痛が走るのだ。とうとう一歩も歩けなくなり、母につれられて国立病院の外科に行って診《み》てもらうと、腰椎カリエスと診断された。早速《さっそく》入院ということになり、一年間休学した。当時もやはり結核の特効薬がなかったので、両親は東奔西走《とうほんせいそう》して栄養食品を買ったりして、多額の費用をつぎ込んで下さった。当時はまだ物資不足の時代だったので、その苦労は大変なものだった。

やがて勢津子さんは再び通学し出したが、半年後には病気が再発し、腰の骨から出る膿《うみ》が、皮膚の外に流れ出る。医者からはギプス・ベッドに入り、絶対安静を命ぜられ、そんな生活が数年間続いた。その間友達は希望に燃えて進学したり、就職して行くのに、何故《なぜ》自分だけがこんな病気で苦しむのかと思うと、悲しくてたまらない。勢津子さんは自分を責めたり、両親がこんな身体に生んだのだと思い、不平不満で苦しんだ。そんな時、一番楽しみにしていたラジオ放送で、ある日生長の家の話を聞いたのである。

彼女はギプス・ベッドの上で横臥《おうが》したままペンを取り、その時の心境を手紙を書いて東京の本部*に送った。すると本部から返事が来て、『生命の實相』という本を読むようにと勧められた。そこですぐ母に頼んで近所の書店から買ってもらってむさぼるように読んだ。夜は床の中で読んだ。すると何故かしら泣けて来る。父母はさらに色々と心配して、国立病院にも入院させ、手術をうけさせた。腹部を切開して自分の骨をとって腰椎に移植する手術だ。やがて半年後にはコルセットをして歩けるようになった。心が少し明るくなって来た。心で人生が変わる。人間は神の子で、不死・不滅だと分かったことが力となったからであろう。

やがて退院して、成人式にも参加することが出来た。しかし心の奥ではまだ生き甲斐が感ぜられない。というのは国立病院の先生から、

「あなたは腰椎カリエスを患ったのだから、治ってはいるが、妊娠して出産すると、再発する可能性がある」

と診断されたからである。その言葉をしっかりと心に握りしめたから、これからは結婚をあきらめて、自立する道を歩かなくてはならないと思い、洋裁と和裁との仕事を始めることにした。

しかしこうして自宅と会社とを往復しているうちに、ある一軒の家に、とても心が引かれるのだった。玄関が開いていたので、何気なく中をのぞくと、「有り難うございます」と書いた紙が目に入った。勢津子さんは吸い込まれるように中に入り、その奥さんと話をした。それは白鳩会の会長をしていた松山トミさんのお宅だった。松山さんは「あなたに是非《ぜひ》行ってもらいたい所がある、すばらしい所よ」と言って、名刺に飛田給の練成道場*の案内図を書いて下さった。それまで勢津子さんは身体の弱い自分だと思い、いつも遠くへは行かず、自宅と会社との往復をしていただけだったが、この時思い切って貯金を下ろし、東京まで出て、飛田給の練成会に参加した。昭和三十九年の二月のことであった。

自然法爾の道

こうして練成会で二日、三日とお話を聞いているうちに、毎日の神想観と聖経読誦*で心が洗われるようで、涙がとめどなく流れてきて、シャクリ上げるほどだった。『七つの燈台の点燈者の神示』*に感動し、この時は大声で泣いた。「父母に感謝し得ない者は神の心にかなわぬ」と書かれていたが、発病以来の十年間、父母はどんなに心を悩ましておられたことかと思って心を打たれた。この十年間、彼女は両親に「有難う」ということが出来なかった。申し訳ないと思い、彼女は毎日のように父母に感謝の手紙を書いた。さらに「健康・完全・円満」である自分を確信し、「結婚もできる！」と気付いたのである。

こうして勢津子さんは吉助《よしすけ》さんという現在のご主人と見合いし結婚して、長男と長女の二人の子供さんを出産し、現在は地方講師として、又白鳩会の地区総連合会長及び支部長さんとして大活躍をしておられるのである。

このように人は重い病気からも立ち上がれるし、心によって自己限定をしない限り、この人生においては無限の可能性が広がってくる。それは人間が神性・仏性そのものであり、その実相を展開する舞台がこの人生だからである。従って各種の不幸や災難もそれらを克服し、その不幸から脱却することが出来るのが本来の人間の持つすばらしさである。

例えば大阪市阿倍野区播磨町《はりまちょう》一―十―十三に住んでおられる河本《かわもと》マリ子さん（昭和三十三年四月生まれ）は助産婦さんであるが、父母からすすめられ、昭和四十九年四月に入信した。現在は白鳩会の支部長であり、地方講師をしておられる方だ。公務員の御主人（真治さん）

がホテル・ニューオータニの割引券をもらったというので、子供さん二人と家族四人して一月十五、十六日と、神戸へ行きホテル・ニューオータニに泊まって神戸見物をした。するといつも元気なマリ子さんが、この時に限って珍しく発熱した。娘さんも風邪《かぜ》気味で、気分がすぐれないという。そこで十六日には、ホテルで昼食をとり、すぐ大阪の自宅に帰って来た。するとそれから十二時間後の一月十七日の午前五時四十六分に、阪神大震災の地震がグラグラッと襲って来た。その時、マリ子さんは丁度神想観をしていたが、家族皆は大阪の自宅に帰って来ていたので、全く無事だった。もしそのままホテル・ニューオータニに泊まっていたら、神戸駅のごく近くのホテルだから、震度七の大揺れに見舞われ、帰阪の交通手段もなくなってしまう所だったのである。

このように時には気分がすぐれないとか、都合《つごう》がよくない日にめぐり合うことがあるようでも、それがかえって好都合になるというようなことが起って来る。それは平生からの生活が神意に叶うような〝正道〟を歩んでいる時であって、預言とか予知といった大袈裟《おおげさ》なことでなく、スラスラと災害の外に出ることがごく自然に起るものだ。むしろこの〝自《じ》然法爾《ねんほうに》〟が本当の人間としての道であり、奇蹟的な神秘現象を求めたり、いつわりの予言にふりまわされて右往左往するなどということが正しい信仰者のあり方ではなく、人間の歩むべき大道でもないということを知ることが大切である。

＊誌友会＝生長の家の真理を学ぶ会。主に居住地域単位の日常的な集まり。
＊教化部長＝生長の家の各教区における布教、伝道の中心となる責任者。
＊宇治の生長の家の別格本山＝京都府宇治市宇治塔の川三二にある、生長の家の道場。生長の家の各種宗教行事が行われている。
＊トロントの生長の家の青年会＝カナダのトロントにある。青年会とは十二歳以上、四十歳未満の男女を対象とし、生長の家の真理を学び実践する会。
＊本部＝東京都渋谷区神宮前一―二三―三〇にある生長の家本部会館。
＊飛田給の練成道場＝東京都調布市飛田給二―三―一にある生長の家本部練成道場。
＊聖経読誦＝生長の家のお経である『甘露の法雨』などを読むこと。
＊『七つの燈台の点燈者の神示』＝生長の家の創始者・谷口雅春大聖師に、神より示された言葉。この言葉により無数の人々が幸せな人生に導かれている。聖経『甘露の法雨』又は、『生命の實相』頭注版第1巻等に収録されている。

Ⅱ　聖経の功徳——『甘露の法雨』

1　善いコトバはすばらしい

小さな善いこと

この世の中は、コトバで出来ていると言える。だから善いコトバを使っていないと、良い世界は生まれて来ないのである。しかし現実には、悪いコトバがいくらでも使われている。すると悪いことがいくらでも作られる。例えば先ごろ警察の上役の人たちが悪いことをした、という話が次々に新聞やテレビ、ラジオで報道された。すると警察官も悪いことをするのか、公金をムダ遣いしたり、悪事をかくしてごまかすのか――と思うかも知れない。

しかし本当の警察官には善い人たちが沢山いて、とても善いことを一所懸命にやっていて下さるのである。一例をあげると、平成十二年三月三十日の『読売新聞』に、藤田美香さん（三四）がこんな投書をしておられた。愛知県西春日井郡の女性だが——

『「〇〇さんはお宅の娘さんですね」。近所の交番から電話が入りました。「娘が何か……」とドキドキして聞くと、そのおまわりさんは「一円を拾ったといって交番に届けてくれました。今時、一円を届けてくれるとは珍しい。拾得物《しゅうとく》預かりの書類を持たせます。お母さん、ぜひ娘さんを褒《ほ》めてあげて下さい」という。

娘にも感心はしましたが、娘の届け出を誠実に受け止めて下さったおまわりさんにも大変感動しました。正式な拾得物の書類を作成して、わざわざ電話までかけて下さいました。

最近は、毎日のように警察官の不祥事が報道されますが、中には心の優しいおまわりさんもいるんだ、と安心しました。こんなおまわりさんがいて下さる限り、この町で安心して暮らせます。彼のような人が一人でも多く増えることを期待したいです。』

この藤田さんの幼い娘さんは、一円を拾って交番にとどけたというから、とてもすばらしい。きっといつもよい躾《しつけ》をして、拾い物は交番にとどけることを教えておられたのだろう。その教えを実行して、素直に交番にとどけたら、巡査さんがそれをちゃんと受け取って下さって、「お母さん、ほめて上げて下さい」と、わざわざ正式の書類をそえて電話をかけてくれたというから、どちらもすばらしい人だ。少しのお金、たった一円でも大切にする心がとてもよい。カンの中やボトルに飲みかけのジュースを残して捨てる人や、一円玉なんかジャラジャラと捨てる人が多い中で、これはとても立派なことだ。こういうお巡りさんが本当の警察官であって、インチキや隠しごとをしたり、公金でマージャン遊びをしたりする警察官は本物ではなく、やがてみな不幸になってしまう人達である。

答えは一つでない

こうした善いニュースが沢山報道されていると、その国は必ず善い国になり、豊かにもなる。何故なら、一円二円がつみ重なって一億円となり一兆円ともなるからだ。小さなことをバカにしない人達がいないと、大事は成立しないものである。さらに平成十二年三月十二日の『産経新聞』には、兵庫県三原町の前田和子さん（四二）の、こんな投書がのっていた。

『先日、小学校三年の二女の今学年最後の授業参観がありました。これまで手をあげることはなかったのですが、「道徳」の時間によく発表していたのに驚きました。その夜、褒めてやって聞いてみると、「私、道徳は好き。答えが一つと違うから…」と言うのです。

私はこの一言にハッとしました。母親というものは、子供の成績の出来、不出来がとても気になります。出来がよければ鼻が高くなります。子供の幸せを願って育てながら、いつの間にか、自分の幸せを願っているのです。

答えが一つではない――そう、人生も一つではありません。十人いれば十人それぞれ違った人生があり、幸せがあります。どうしてこんな大切なことを忘れてしまうのでしょうか。

成績ばかり気にしていますと当たり前のことも見えなくなってしまいがちです。人生の幸せは一つではなく一つの答えを求めてはいけないのです。子供に教えられました。(パート)』

これもよい子に教えられた、善いお母さんの例だ。人は誰からでも教えられる。時には犬や猫からも教えられるし、老人からも、おなかの赤ちゃんからも教えられるのである。

ことにこの子は「答えが一つでない」ことを知っているところがすばらしい。例えば数学でも、代数の二次方程式になると、答えは二つ出てくるし、三次方程式では三つ出てくる。高等数学になるともっと出てくることもあるから、道徳でも政治でも沢山の回答が「正解」となるのである。

ご主人さんの仕事が失敗した、どうしようか、という場合でも、答えはいくらでもありうる。それが分かっている奥さんには、夫が「こうしたい」ということに、いくらでも「それがいいわ」と答えて、安心しておれるという〝安楽行〟がある。国が戦争するか、しないかをきめるというどたん場でも、回答はたった一つということはない。戦う道もあるが、しない道もありうる。『坂の上の雲』という司馬遼太郎さんの日露戦争の物語を読んでみると、日露戦争の満州軍総司令官だった大山巌元帥（公爵）も、総参謀長だった児玉源太郎大将（死後に伯爵）も、「戦争には反対」だった人である。しかし戦争が公式に決定されると、満州軍の最高の立場において力一杯戦い、そして「和平」にも力を尽くされたエライ人たちであった。

だからお父さんお母さん方は、息子さんや娘さんが入学試験に合格しても、又しなくて

も、いつもニコヤカに、

「あなたは神の子・完全円満、きっとよくなる！」

と言っておればよいのだ。一年浪人しても、三年浪人しても、四年浪人しても、二、三年長生きすれば何ということはない。だから人間の未来は「解答無限」と言えるのであって、「人は死なない、生き通しのいのちだ」と悟るならば、この世はたちまち〝極楽浄土〟と化すのである。

さらに又次のようなお医者さんの一文もあった。平成十二年三月十日の『産経新聞』に掲載された、熊本市に住む大林弘幸さん（四三）の投書だが――

《同じマンションに住む人の話です。先日、道で会うと「絶対、なにかいいことがあったな」というようなものすごく明るい表情をしておられました。それまでは、その方のご主人が手術を最近受けられたばかりで表情が暗かったのです。

近々家を建てるということだったので、「土地が見つかったのですか」と聞きましたところ、答えはまったく違っていました。

「手術を受けたばかりの夫が毎日、愚痴《ぐち》を言うので、それに合わせて自分も愚痴を言っていた。そこで、家庭を明るくするため何か変えなくてはと考え『もう愚痴を絶対言わない』と決めた」とのこと。たったそれだけのことでした。

その方を取り巻いている環境が、よくなったわけではありませんでした。それなのにその方は実にいい顔をされ、明るさが体中から発散されていたのです。

その方の心がけに感銘を受けて、私たち夫婦も「愚痴を口にださない」ことを誓い合いましたが、毎日の実行はなかなか難しいものです。このような、簡単と思えることの中に人を幸福にする本当の真理があり、要はこの実行と継続だなと思いました。(医師)》

こうした「善いコトバ」を集めてみると、一週間に一回くらい、土曜か日曜の新聞(一紙でもよい)の全頁が「善いコトバばかり」で占められているものが発行されると、わが国の人々の表情がスカッと明るくなり、善い行いが次々に発生して、沢山のよいアイデアが天降り、すぐれた発明や発見が続々と出てくる国に変わるのではないだろうか。そしてこの「善いコトバ」を発行した新聞社はすっかり豊かとなり、社員一同みな幸せとなるかも知れない。何故なら、コトバが現実世界を作り出して行くからである。即ち、憲法も、法律も、全ての契約も、結婚も、全てコトバで作り出されるからである。一人一人の人間も、コトバによって「何の誰それ」と呼ばれ、国民の一人として認められているのである。

バスの中で

ところで別のコトバの例をあげてみよう。生長の家では人間・神の子・不死・不滅の教えがお経の中に詩の形で書かれている。いずれも谷口大聖師*の作であるが、そのお経の一つ『甘露の法雨』について、平成十二年三月十八日に総本山での団体参拝練成会で、北海道旭川市豊岡六条に住んでおられる山川貞子さん（昭和十年八月生まれ）は、次のような体験を話して下さった。

山川さんは昭和四十四年に、ラジオ放送によって「生長の家」を知り、「人間は神の子である」という教えを聞いてビックリして入信した。その後平成十年になって、宇治別格本山での白鳩会の全国幹部研修会に参加し、谷口純子さん*の「あなたと同乗した人を祝福しなさい、電車でもバスでも、このような人たちが皆幸福になるようにと祈ること」と話されたのを聞いて、大いに感動した。そして平成十一年の六月のこと、ある日白鳩会の母親

教室*に講師として出講するためにバスに乗った時、同じバスに若い女の子たちが沢山乗って来て、
「あんたきのう、何《なに》いいことしたの？」
と話し合っていた。それを聞いて山川さんは、学校で先生が「善いことをするのを奨励
しておられるのだな」と思い、彼女達が学校の前でバスを降りる時、近くにいた生徒さん
に、
「おばさん、それとっても嬉しかったよ。これは善いことが沢山寄って来るお守りだよ」
といって『甘露の法雨』を手渡したのである。生徒さんもニッコリ笑って降りて行った。
その笑顔が忘れられず、次の日さらに校長先生に手紙を書いた。そしてその日の母親教室
で講師の方にこの話をしたところ、あれは「ヘヴンズ・パスポート」といって、女の子の
間ではやっているのだと教えられ、少々ガッカリしたというのだ。その後、「ヘヴンズ・パ
スポート」というのは、善い事を百回やったら願い事が叶えられるという流行のゲームだ
と、私の文章にも書いてあったと話しておられた。たとえ神さま抜きの流行であっても、
とにかく原因結果の法則で、善い事をやれば、善い結果が出てくるから、山川さんのあげ

た手紙でもほめ言葉でも、きっと何かの役に立っているに違いない。勿論あげた『甘露の法雨』も、後になってキット役に立つに違いないのである。

こうして「善いコトバ」は色んな所に拡がると、「善行」も拡がって行くのだ。さらに山川さんは平成十一年の十一月には、ある中学校の校長先生にも手紙を書いた。

十一月二日のこと、彼女はある会合の帰りに、旭川バス五十二番に乗ろうと思ってバス停まで行くと、十五、六人くらいの元気な中学生が、バス停で楽しそうに話し合っていた。山川さんは彼らもこの五十二番のバスに乗るんだなと思って並んだ。やがてバスが来たので、貞子さんが乗ろうと思うと、先に並んでいた生徒達は全員後ろに引きさがったのだ。貞子さんは「この人達は別のバスかな」と思って、他の乗客と共にバスに乗ると、彼らはその後で、同じバスに乗って来たではないか。

山川さんはその光景を見て、彼らの行動のすばらしさにびっくりした。しかも彼らはほとんど全員がバスの中で立っている。次のバス停でも、次のバス停でも……降りる人があると皆で通路をよけてくれる。山川さんはうれしさ一杯で、こんな立派な生徒さんを育てて下さった校長先生にお礼を言おうと思って、降りる時近くの中学生に学校名をきくと「東明中学校です」と明るく答えてくれた。そこで校長先生あてにお礼と感謝の手紙を出した。すると平成十二年の一月末になって、東明中学の一年生の母親が、山川さんの母親教室に来て、山川さんの書いた手紙を見せて、

「これ、山川さんのでしょ。字を見てすぐ分かった」

と言って、一年生の〝学年通信〟にこの手紙がのせて配られたという話だった。しかも〝ＰＴＡだより〟には、山川さんの手紙に対するあるお母さんの感謝の言葉ものせてあったという。しかもこの話が写真入りで『北海道新聞』に折り込みの月刊誌「月刊ｆｉｔ」にも載せられたということであった。

『甘露の法雨』をきかせる

さらに三月二十六日の総本山での団参で、坂井重代《しげ》さん（昭和九年三月生まれ）は次のような話をして下さった。坂井さん一家は和歌山県那賀《なが》郡《ぐん》打田町《うちたちょう》黒土《くろつち》という所に住んでおられるが、平成十年の高木教化部長の農園経営者への繁栄ゼミナールを受けて以来、『甘露の法

雨』を農園のハウスにくくりつけ、『甘露の法雨』の録音テープを毎日流して栽培をしたのだ。

最初のうちご主人はあまり気が進まなかったようだが、そのうち率先して実行され、娘さんも毎日ハウスの仕事を手伝ってくれるようになり、さらに娘さんは地方講師ともなり、母親教室を開くようにもなられたというのである。坂井さん一家は水田も作りイチゴやナスのハウス栽培もしておられるが、重代さんが白鳩会で方々飛び回っているうちに、いつしか田んぼには草がボウボウと生えて来た。

しかしその後教化部長さんから、「草の生えた水田は、台風のときに助かる」という話を聞いた。するとその年には二回も台風が来たが、その台風のため稲が倒れた所が多かった。するとそのまま田にすき込んだり、火をつけてもやす人たちもいたが、坂井さんの田では、田の中の草が稲を支えてくれて、きれいなお米が収穫できたのであった。

さらにイチゴは三十年以上も栽培してきて、農業改良普及員である息子さんの助言で新しい品種に変え、さらにヴォリューム一杯に上げた『甘露の法雨』のテープを毎日聞かせているうちに、収穫量が倍になってきた。そして道行く人達が、そのテープを聞き、

「ここの畑は、ひよどりがつつかないノウ」

と話しながら通って行くのである。そんな光景が続くと、今では近所の人達は畑の側を通りながら、

「今日も『甘露の法雨』を流しているノウ」

と声をかけて通るようになった。重代さんは現在白鳩会の支部長さん、地区総連合会副会長であり、前にのべた山川貞子さんも支部長さんであり、地方講師会会長であるが、こうして「ほめ言葉」や「真理のコトバ」の偉大な創造力によって、ますます美しく立派な国作りや人作りをして行くことができるのである。

何というすばらしい、素直な真理の実行者であろうか。こうした善いコトバの宣布活動が拡大して行く限りにおいて、この世には必ず「神の国」の映像が出て来て、天地一切の人やものに感謝する人たちが続々と生み出されて行くに違いないのである。

＊谷口大聖師＝生長の家創始者谷口雅春師の尊称。昭和六十年、満九十一歳で昇天。
＊谷口純子さん＝生長の家白鳩会副総裁。
＊母親教室＝生長の家白鳩会が、全国各地で開いている、母親のための真理の勉強会。

2 人生劇場を楽しむ

大道具・小道具

この世は心によって作られる。勿論見た所どこもかも物質で出来ているし、物質の法則で支配されているが、この地上舞台の上で展開される芝居の筋書きは、人の心が創《つく》るのである。それは丁度劇場の舞台や大道具、小道具は物質でできているが、その芝居の筋書きは脚本家の心で思うように創られるのと同じである。だからこの世を「人生劇場」とも言う。そしてここで演ぜられる芝居によって、人はいろいろ大切なことを勉強する。魂を磨き、向上させ、次第に「本物の人間」「神の子」らしく鍛《きた》えて行くのである。

だから「人生劇場」は、別名「人生学校」とも言われるのであって、実に素晴らしい所なのだ。しかも普通の芝居と違って、この「人生劇場」では、その筋書きを書くのは自分自身だ。自分の心で「思う」通りに、ひとりでに筋書きが出来て行く。だから自分は不幸だとか、自分は無力だとか、自分は虚弱な体質だなどという筋書きを書いてはならない。その反対に、「ああ幸福だ」「ありがたい、何でもできる」「嬉しい」といった明るい筋書きを書き、そういう「思い」を持つように訓練して行くことが大切である。

そうでないと、人は誰でも満足できないまま、この世を終わることになるだろう。するといくらうまく「貧乏で病弱な奥さん」を熱演したとしても、本来の「神の子の実力」が表わせないから、どうしても不満足が残る。こうして人は何回も生まれ変わり死に変わりして、次第に「すばらしい人生舞台」で〝主役〟を演ずるようになるのである。

しかしこの原則を知った人は、別に次の世に生まれ変わってから「豊かで健康な主人公」になるのを待たなくても、この世でもある程度健康や、豊かさや、仲のよい家庭生活などをドンドン作ることが出来るのだ。今すぐ心の筋書きをかえて、以前の不幸や失敗に引っ掛からず、

「これからはすべて良くなる、どんどん良くなる、必ず良くなる」と思い、そう信じ、明るい言葉の生活を始めれば良いのである。「そんな簡単なことで、本当に良いのだろうか？」と疑って、メソメソしたり、クヨクヨしてはならない。真に実在するのは「神の子・人間」だけで、あとの現象はすべて芝居の舞台の大道具や小道具ばかりだからである。

失敗と成功

滋賀県彦根市田附《たづけ》町六三八に住んでおられる佐々木いほみさん(昭和三十一年三月生まれ)は、長女が生まれてから六年間、病気ばかりするようになり、医師から「あなたはもう妊娠できる身体ではない」と言われた。しかし彼女はそんな病弱から、何とかして健康になりたいと思い、昭和六十一年一月に生長の家に入会した。ご主人は会社員で、いほみさんは看護婦さんだった。舅　姑《しゅうとしゅうとめ》さんも夫も、みな良いお方であるのに、自分だけ身体が悪い。そう思うと、つい暗い心になり、やがて離婚を考えたりするようになってしまった。

そんなある日、近くの北村さん宅に、生長の家の地方講師の岩佐和栄さんが来られるというので、離婚の相談に行ったのである。すると、

「これから一年間、自分の我《が》を出さないで、ご両親と夫に真心の感謝行*をして下さい。あなたが〝幸福だ〟という思いに満たされるとき、病気も消えるし、佐々木家にも幸せが来ます。離婚のことは、それからにしましょう」

と、先生はいろいろ心の持ち方や、感謝行のやり方などを教えて下さった。そこでいほみさんは、教えられたように、心を明るく持ち、素直な感謝の気持で、一年間を過ごした。すると一年後に実の妹さんが「離婚する」と言って来た。そこで妹の離婚を思い止めようと色々と助言してあげ、結局離婚しないことになり、姉妹とも幸せな生活を送るようになられたのである。

このように心を明るく変えて、人生の筋書きを変えると、暗い人生がパッと明るく変わるものだ。そしてフト気がつくと、いほみさんは妊娠二ヵ月目に入っていた。しかしある夜のこと、階下で寝ている長女さんをだっこして、「重いなあ」と感じながら、二階の寝室に運んで行った。するとその後で少し茶色の出血があり、

「しまった」

と思ったが、それはすぐ止まったようだった。ほっとしたが、二日後から又々出血がひどくなり、病院に行かなくてはだめだと思い、ご主人に連絡を頼んだ。すると今日は日曜日だし、動くと余計危険だから、じっとしているようにという指示を受けた。だが出血は続き、毛布も通り越し、敷布団まで血に染っている。そこで、入院させて下さいと頼みこみ、平成二年二月二十五日夕方の六時半ごろ、彦根市立病院に入院した。すぐさま診察してくれて、

「まだ二ヵ月半で、胎児が小さすぎるし、出血のため、子宮の中は真っ黒に見えるだけで、あとは何も分からない」

という診断だった。彼女は妊娠したと聞いたとき、夫がとても喜んでくれたことを思いだし、こんなことになってしまった自分を責めてばかりいた。やがて入院して四日目の三月一日に、医長先生が回診に来られて、

「赤ちゃんは九分九厘駄目《だめ》です。おなかを超音波で見ても、子宮の中は真っ黒に見えるだけです。出血のため、赤ちゃんの袋も何も分かりません。これだけ出血が続くと、体力も

なくなるし、子宮口も少し開き気味なので、細菌感染の危険もあるから、中絶された方が良いと思うので、ご主人に来てもらって下さい」

と言われてしまった。

「どうしても、と言われるのなら、点滴をしますが、期待しないで下さい」

とも言われ、目の前が真っ暗になったのである。

生か、死か

やがて夫とその母と妹さんの三人が病院に来て下さった。皆で長いこと考えて、その結果お母さんが、

「点滴をしてもらったらどうや？　するだけのことをして、大切な命を助けたい」

と言って下さった。その言葉が有難くて、何度もお母さんに合掌して感謝した。さらにその日の夜八時ごろ、電話して岩佐先生に今の病状を知らせた。すると、

「神の子は、神様が育てて下さるのよ。絶対大丈夫！　悦び一杯で、〝甘露の法雨〟を読誦

しなさい。絶対に悪い方に引きずられたらあかんよ。あした病院に行くからね」

と、優しく励まして下さった。すると今まで自分をとがめてばかりいた暗い心が、すかっと明るくなり、いほみさんは言われた通りを一心に実行した。翌日岩佐先生が来られて、小さい『甘露の法雨』をハンカチに包み、お臍《へそ》の上に置いて、さらに聖経を誦《あ》げて下さった。すると出血が止まったが、依然として赤ちゃんの姿や袋は映らなかった。

三月七日になると医長先生が来られて、こう言われた。

「私は明日から三日間出張しますが、帰って来ても、赤ちゃんの様子がよくなっていなかったら、掻爬《そうは》します。もしこれで赤ちゃんがもったら、学会で発表しますよ」

と言われるのだった。その言葉で再び暗くなりかけているところへ、岩佐先生と北村さんが見舞いに来て下さった。神想観をし、聖経読誦をして下さり、

「手のひらに胎動を感じますよ。赤ちゃんは生きていられるのよ」

といって、とても悦んで下さった。

「今までの経験から、間違いない！　迷ってたらいかんよ。この子は苦しんでなんかいないよ。神の子は神様が護って下さるのよ。信じる、信じないは、あなたの心ひとつですか

ら」

　と力強く励まして下さった。そして三日後の三月十日になって、担当の医師に診察して頂くと、

「心臓が動いている。やあ、驚いたなあ！」と驚きの声を上げられた。こうして点滴は抜かれ、移動が自由になった。三月二十五日には、生長の家の講習会*があったが、夕方岩佐先生が来て下さり、また励まして下さった。入院してから三十七日目には、また出血があったが、医師は「子宮のなかに溜まっていた血液がほとんど出て、赤ちゃんは無事です」という診断をされたのであった。こうして約二ヵ月で退院したが、その後も順調で、十月十日には元気な三〇〇二グラムの男の子を出産し、和政ちゃんと名づけ、今も元気に育っているということであった。

ある変身夫婦

　この実例にあるように、この人生では目の前の現象に引っ掛かると、幾らでも暗い心に

なり、時には絶望的になる材料もあるが、しかしそれらは全て芝居の中の小道具であり、大道具である。それに引っ掛かって、それに引きずられるか、それともそれをさっぱりと片付け、時には蹴飛ばして、明るい晴れ晴れとした「新しい舞台」にするかどうかは、あなたの心が決めるのであって、誰かが作ってくれた脚本に従うのではない。そのような強く明るく、たくましい神性・仏性を表現するための訓練の舞台が、この「人生劇場」であり、また「人生学校」である事を知ることが何よりも大切である。

ことに突然起こってくる事故や失敗などは、だいぶ前に蒔《ま》いた種が生えてくるような因果関係にあることがあるから、常に物事を明るく考え、目前の現象に引きずられず、「きっと良くなる、必ず良くなる、ますます良くなる」と、心で良い筋書きを書き、神の愛とその万能とを信ずる心を養って行かなければならない。栃木県宇都宮市中一の沢町に住んでおられる佐藤美知子さん（昭和二十一年十二月生まれ）は、十五年前に、〝にんじん〟という美容院を経営している田沼千鶴子さんから生長の家のことを知らされた。

彼女が美容院に行ったとき、田沼さんは仕事をしながら、生長の家の話をして下さった。その上帰りには、『白鳩』*や『光の泉』*などの本を二、三冊くださった。そのころの美知子さんは宗教が大嫌いだったので、そんな本を貰っても一向に嬉しくないのである。家族も宗教大嫌いで、とにかく皆で拒否反応を示した。ところが田沼さんは毎回のように本を下さる。十年間くらいは「仕方なくいただいていた」というから、真理の種蒔きも中々時間がかかるものである。

しかしさすが十年もたつと、美知子さんの心も次第に変化して来た。というのは〝にんじん〟のお客さんや従業員の方々が、みな幸せそうになって行くのが分かるからだ。それに引き換え、美知子さんの人生は思い通りに行かず、ますます暗く落ち込んで行く。そんなことから平成四年の六月二十八日に、美知子さんは田沼さん宅に相談に行った。いろいろとお話を聞いて、

「じゃ、八月一日から飛田給の練成会に行こうかしら」

というと、

「七月一日から行きなさい」

と言われるのだ。美知子さんは五年前から、家族に内緒《ないしょ》で生長の家に入会していた。だから五日間も出掛けるには、家族の説得と、パート先のやり繰りが大変だった。でも終《つい》に

決心して、七月一日から五日まで飛田給に出掛けた。すると二日目から心が明るくなり、生長の家が大好きな人間に変身したのである。こうして長い間の田沼さんの「種蒔《たねま》き」が芽を吹いて、急速に成長しはじめた。

さて美知子さんがルンルン気分で家に帰ると、今度はご主人の晃市さんが、八月一日からの飛田給練成に行くとおっしゃる。もとは霊とか宗教が大嫌いだった夫だが、これもまた変身なさって、練成から帰ってからは朝晩神想観をやりはじめ、『甘露の法雨』の読誦も始められたのである。美知子さんが「今日はくたびれたから、やめようか」と思う時も、晃市さんの方が「やろう」と言って、奥さんを引っ張るくらいに変心された。こうなると、人生の設計図が変わるから、必ず生活も変化する。講習会を薦《すす》めたり、霊牌《れいはい》*を大いに書き始めたのであった。

人生学校は素晴らしい

さて十月になり、佐藤さん宅では中古車を一五〇万円で購入した。すると十二月八日の土曜日の夜、そのプリメーラという車が盗まれたのだ。息子さんが運転していて、佐野のコンビニエンス・ストアーの前の路上に、チョット停めて車を離れ、買い物をしたすきにである。しかし月曜になると、浅草の警察から連絡があり、車が見つかったと言う。何でも車を奪った人が、パトカーに追いかけられ、浅草まで逃げてきて、トラックに接触し、パトカーと電柱にぶつかって、大破して捕まったというのであった。

しかし最悪の事故とはならず、すぐ犯人が見つかったことや、人身事故にならなかったことは、良かったと言えるだろう。一方車は、とても使える状態ではなくなった。でも保険に入っていたから大丈夫と、美知子さんは楽観視していた。で保険屋さんに聞いてみると、「この事件はまずい」と言う。パトカーにもぶつかっているから、その弁償もしなければならないというケースであった。

美知子さんは「困ったな」と思ったが、何故か心の奥では「大丈夫」という気がする。犯人は二十五歳の無職の青年だった。しかしその両親が良心的な人で、何とかして弁償したいと言うのだ。息子さんの罪の軽減にもつながると思われたのであろう。そこでプリメーラの新車だと二五〇万かかるが、それだけのお金を弁償したいと申し出てくれた。その上さらに、大変感謝された。

というのは、この息子さんは八月ごろ東京のアパートから飛び出して、行方不明になっていたのであった。だから両親は何時も電話を枕元に置いて、何時連絡がくるかと、そればかりを気にして、中々寝付かれないで待っていたのが、この事件によって息子の所在が明らかとなり、もう行方不明でなくなった。「見つかってよかった」とむしろ大いに安心されたということである。おそらく息子さん自身も、この事件によって、人生の暗い筋書きを書き換えるチャンスを与えられ、

「泥棒も、家出も、割りが悪い生き方だ」

と気付いたに違いないのである。このように人生劇場の筋書きは自分で書き、それを地上の舞台で上演し、しかもその実演によって、大切な教訓を次々に得て行くところの「人生学校」の貴重な学習の時だということが出来るのである。

＊ 感謝行＝全てのものに感謝する宗教行として、清掃などをすること。

＊ 生長の家の講習会＝生長の家の総裁、副総裁が直接指導する「生長の家講習会」のこと。現在は、谷口雅宣生長の家副総裁が直接指導に当たっている。

＊『白鳩』＝生長の家の女性向けの月刊誌。
＊『光の泉』＝生長の家の男性向けの月刊誌。
＊霊牌＝先祖及び物故した親族・縁族の俗名を浄書し、御霊を祭る短冊状の用紙。

3 無限に向上する

訓練不足

このように人間には素晴らしい力がある。それは肉体の力というより、「内在の無限力」である。これをどれだけ表現するかで、この人生が楽しくなったり、つまらなくなったりする。何故なら、いくらあっても、その能力や才能を表さなかったら、ないのと同じであり、悦《よろこ》ぶことも出来ず、入りたい学校にも入れず、作りたい作品も作れないからである。

そこで吾々は「持っている力を表し出す」〝練習〟をしなければならない。それは〝訓練〟といってもよい。ある種の訓練を経ないで上達するものは、何もないのである。どんな事でも、必ず教えられ、鍛《きた》えられ、そして上達するのだ。平成五年の一月六日の『産経新聞』にはこんな投書が載《の》っていた。

『信号が青になったのに、先頭の車が発車しない。私はその二台後。どうやらエンストらしい。運転手はおばさん。後ろのドライバーは若い女性。女性二人がかりでいろいろやっている。信号が数回変わった。車がつながってきた。たまりかねて見に行くと、AT車のギアがPに入っている。これでは前進しない。すぐDにして出発した。二人の女性は「ヘェー」と感心するのみ。説明しても「ヘェー」で苦笑するのみでした。

（千葉市中央区　幸村孝誠）』

これはおばさんも若い女性も、運転の訓練が出来ていないからである。それでも此処《ここ》まで「運転して来た」のだから、免許証はあるにちがいない。あっても練習しないと、ペーパー・ドライヴァーということになってしまう。またすぐ続いてこんな記事が載せられていた。

『JR線を利用したときのこと。車内の中つり広告にお気に入りの俳優が出ていたらしく、女子中学生が二人、おもむろに席を立って、その広告めがけて突進。表情一つ変えずに手を伸ばして広告四枚をパッと取り、見事な手際《てぎわ》良さでクルクルと丸めて通学カバンの中へ。何の悪びれた様子もなく、次の駅で降りていきました。車内の人たちは無関心。私だけがドキドキして、「あっ、どうしよう」などと思ってしまいました。それにしても今の中学生ってすごい。

（東京都品川区　びっくりした母）』

この中学生などは、人のものや公共物を「取ってはいけない」という事が、教えられていないのである。たとえ教えた人がいても、それを守る訓練がなされていないという外《ほか》はない。それを黙って見過ごしている大人たちは「寛大な人」ではなく、「公徳心を訓練していない人」であり、こういう手合いが町中で空カンを捨てたり、立ち小便をしたりする親であろう。この二人の中学生も、多分そんな親に育てられ、学校でもそんな先生に「試験勉強ばかりさせられた（？）」気の毒な生徒であるに違いない。

ケジメをつける

こんな自分勝手な、公共心のない、訓練不足の子供が、やがて「十九歳くらい」になって、外国へ旅行すると、どういうことになるだろうか。公共物も、自分の物も、人の物も、区別がつかず、ケジメがないから、色々な事件に巻き込まれないとも限らない。二月三日の同新聞には、こんな記事が載っていた。

『【ローマ二日＝ロイター】イタリア警察が二日発表したところによると、白昼のローマで一月三十一日、団体観光旅行中の十九歳の日本人女性六人が、日本刀を持ったイラン人男性一人にレイプされる事件があった。

発表によると六人の女性は同日、市内の観光名所スペイン広場で知り合ったアリ・ホセイン・シャケリ・カバキ容疑者（三四）＝逮捕済み＝からアパートの自宅に昼食に誘われ、スパゲティなどを食べた後、同容疑者に日本刀で脅され、次々と乱暴された。カバキ容疑者は日本語に堪能《たんのう》で、イタリア人の友人一人が被害者が逃げないように自宅のドアを見張っていたという。

六人の被害者は、四時間後に解放され、タクシーで滞在先のホテルに戻った。警察当局は一日、同容疑者を誘拐《ゆうかい》などの疑いで逮捕した。警察では、見張りの男もレイプに加わった疑いがあるとみて調べている。』

これなども、見知らぬ男に誘われると、すぐ〝金魚の糞〟のようについて行って、食事やスパゲッティをおごられるような、日常生活の「訓練不足」が災いをしたのであろう。勿論卑劣な行為をしたカバキなる男もいけないし、処罰されるのは当然だが、彼は十二年間も日本に滞在し、空手はかなりの腕前（足前？）だったというから、ある種の訓練は受けた人だ。しかし「心の正しい訓練」が不足していたのに違いない。この世では「類をもって集まる」法則があるから、こちらがシャンとして、相手のスパゲッティを「こっちのものだ」などと思わなければ良いのである。

以上あげたような人々も、本来は皆素晴らしい能力の持ち主であり、神性・仏性の人たちである。ところがそれを表し出す「訓練」をしていないから、あっても急には出て来ない。これを〝罪人〟と言う。これでは幾ら「欲望満足」に走っても、決して幸福感を味わう事は出来ないことを知らなければならない。

それに引き換え、素晴らしい人は幾らでもいる。いるけれども、マスコミは中々「良い人々」の話を載せてくれないのが残念である。だから吾々は鵜《う》の目鷹《たか》の目で、良いことを探し、讃《ほ》め、称《たた》え、それが全ての人にある〝本性〟だということを強調したいのだ。

誘われて

茨城県那珂《なか》郡東海村というと、有名な原子力研究所のある所だが、その石神内宿《いしがみうちじゅく》という所に住む飯田頼子《よりこ》さん（昭和三十五年八月生まれ）はプログラマーの仕事をしている明るい女性だが、平成四年三月に、友達のお母さんから「生長の家」を知らされた。このお母さんが宇治の練成会に行って、全身性のリュウマチが治ったという話を聞き、それと同時に普及誌*を貰《もら》ったのがきっかけだった。

そして、五月に又宇治に行くから「一緒に行きませんか」と誘われた。頼子さんはしばらく旅行にも行っていなかったので、まあ京都あたりへ行くのもいいかしら、という軽い気持ちでついて行ったのである。それは宇治の短期練成会だったが、とても素晴らしくて、今までも自分なりに、

「こうして生きるのがいいのだろうな、こうしたらきっと明るく生きられる」

と思っていた通りのことが説かれたので、とても嬉しくなった。人間は素晴らしい、あ

なたも素晴らしいと教えられるから、嬉しくてたまらなくなった。そこで東海村に帰ってくると、すぐ教化部を訪ねたというから、ほんとに素直な人だということが分かる。もう機が熟していたと言った方が良いのかも知れない。何故なら、かつて彼女は自殺まで試みた、苦しい時期もあったからだ。

人は沢山の人から色々の誘いを受ける。しかしそれが自分の「ためになるか、ならないか」を決めるのは、自分の心であり、それにはやはり小さいときからの「神性開発の程度」が問題だ。「誘った相手が悪いのよ」だけでは済まされない。変な宗教の変な「集会」などに誘われ、今もなおその時の借金に苦しめられている人もいる世の中である。

『甘露の法雨』

ところが頼子さんは、教化部に行ったものだから、地元の誌友さんや青年会の人たちと仲良くなり、一ヵ月あまりの内に聖使命会員となったり、霊宮聖使命*に入って祖先供養をしたりした。しかし当分は何も変わったことは起こらなかったが、彼女は教化部の青年会室に毎日通い始めた。

その数日後のことだった。夜教化部に行くと、白鳩会の会長さん外何人かの方が集まっておられ、誌友会のようなことが始まった。頼子さんも何か話したりしていると、今までの暗くふさがれたような気持ちがサッとふっ切れて、

「このままで素晴らしいんだ、ああ、分かった！」

というような明るい気分になり、その後青年会の委員長のところでも少し話をして、夜中の十二時を過ぎていたが、自分で車を運転して帰って行った。するとその途中の交差点で、赤信号が点滅していたが、そのまま停止しないで走り抜けようとした。

ところが交叉する左側の道から、別の車が六、七十キロぐらいのスピードで交差点に入り、こっちもそのくらいのスピードだったから、激しく衝突した。頼子さんはアッと驚き、すぐ車を止めて、道路に降り立った。すると相手の車はその衝撃で、交差点の電柱に激突して、車の真ん中まで電柱がメリ込んでいるのだった。

頼子さんはすぐ駆け寄って、その車のドアを開けて呼びかけた。するとその人は返事をしてくれたので、命に別状はないらしい。すぐ電話をかけて事故を通報して、事故の処理

を済ませた。後で現場検証をしてくれた警官が言うには、

「あともう十センチ電柱のメリ込む位置がずれていたら、相手の人は即死だった」

そうである。しかしその十センチの違いのお蔭《かげ》で、その人は打撲だけで、一週間会社を休んだだけで済んだ。示談もすぐ成立して、一ヵ月で保険のお金も下り、全ての事務処理を済ませることが出来たのだった。頼子さんの車もグチャグチャになったが、彼女の体には何のショックもなく、事故の時ハイヒールを脱いで、ガラスの破片の散乱する中を裸足《はだし》で駆け回ったが、少しの切り傷もなく、完全に無傷だったのである。

事故の処理の間も、ずっと神に感謝し続けていた。相手の人がもし死んだり、重傷を負ったら大変だ。それがわずか十センチの差で無傷だったのだから、こんな有り難いことはなかった。それは偶然のようだが、決してそうではないのである。頼子さん自身も、顔でもやられたら、被害は甚大《じんだい》だろう。それを左右するのは、心だが、その時の一瞬の心というのではなく、それまでに積み重ねて来た行為や心の集積が「善業」の方に傾いていないと、こういうようには行かないものである。

彼女はやっと落ち着いてから、壊れた車から荷物を下ろした時、フト気がつくと、『甘露

の法雨』が見つかった。彼女は今まで何時《いっ》も友達に『甘露の法雨』を読むように勧めていて、その日も車の中には、『甘露の法雨』が六冊も入っていた。これも大きな善業の功徳ということが出来るだろう。

生と死の境

勿論一番いいのは「事故に遭《あ》わないこと」である。それはもうちょっと、一分でも早くか遅く出発していたら良かったが、その一分を決めるのも、心であり、偶然などという訳の分からないものではない。でもその時までの彼女の心の成熟度では、すれすれの所で事故に遭うことになったが、それを機会にして一層青年会活動に熱心になり、十月からは女子活動対策部長となり、花のつどい*や見真会*にも大いに活動するようになったということである。

このように人は誰でもその運命を心で支配し、また出て来た事件や境遇で、「何が正しく、何が足らなかったか」などを学習し、さらに心を進歩向上させて行くものだ。つまり人生学校での「学習」が進み、「訓練」がより一層効果を上げるのである。

この現象界では誰でもまだ不完全な所を持ち合わせている。それは実相と現象の違いによるもので、本物とその影との違いは、何処までも残るからだ。それを混同して、もう自分は完全だなどと増上慢《ぞうじょうまん》に陥ったり、自分の本質が「神の子」であって「完全円満」であることを疑い、努力や訓練をなおざりにしてしまってはならないのである。

人生の面白さ

鳥取県に大山《だいせん》という素晴らしい山があるが、標高が一、七一一メートルあって、良い格好をしている美しい山だ。そこへ「広島山の会」のパーティー五人が平成五年の一月三十一日に登山して遭難した。天候が悪化し、先頭を行っていたリーダーの高見和成《かずしげ》さんが、表層雪崩《なだれ》に足を取られて南斜面に転落し、他の四人は残って山小屋に避難した。後でその四人は救助されたが、高見さんは見つからず、九九％は生還不可能だと見られていたのである。

ところが三日午後六時半ごろ、東伯《とうはく》町農協一向平《いっこんがなる》の牛舎に姿を現し、「私は広島の高見です」と名乗って、生還したのであった。雪崩で滑落《かつらく》してから、沢を伝って自力で下山したということだ。最初は沢を飛び石づたいに歩いたが、二日目の昼から水量が増え、水の中を下って行った。そのため手足などに凍傷を起こしたが、それでも食料がなくても自力で生還したのは立派であった。

これも高見さんが良く訓練されたベテランの登山家だったからであり、そうでなければとても埋没した雪崩からはい出して、沢を下る気力は出なかったであろう。彼は昭和五十一年にインドのナンダデビ峰で、世界最初の縦走登頂に成功し、パキスタンのカンピレディオール峰に初登頂し、平成三年はナムチャバルワ峰の日中合同登山隊の日本側の登攀《とうはん》隊長を務めた人である。

このような優れた登山家でも、ちょっとした油断やミスがあったのかもしれない。一日分の食料でも自分で持っておれば、少しはましだったかもしれない。しかし前々から鍛えぬいた体力と経験は、至るところに生かされて、随所に的確な「判断」を下すことが出来たのである。しかし残念ながら平成十年二月二十二日午前九時半ごろ、鳥取県の国立公園大山・天狗沢で登山者二人が滑落するのを別のグループの登山者が目撃し、携帯電話で一一〇番した。冬山パトロール中の警察官が同日正午すぎ、天狗沢の下約三百メートル付近で二人を遺体で発見した。

同県警によると、死亡したのは「広島山の会」メンバー、広島市佐伯区皆賀一、会社員高見和成さん（52）と同区の森田恭充さん（35）とみられる。……という記事がある。二人は二十一日、大山のふもとに近い元谷に到着。二十二日、元谷を出発し、天狗沢の氷壁を登っていて滑落したらしい。……というのである。

このように人生は実に面白く、楽しく、また悲しいものである。それは吾々が心で創るドラマだから面白く、楽しく、スリルに富み、予測し難い〝意外性〟が満ちあふれているのだ。人は時々、

「どうして、明日何が起こるか、誰が訪ねて来るか分からないのか、分からない」

などと言うが、皆何もかも予知したり、予測出来たりすると、もうこの「人生ドラマ」は、「見おわってしまった映画」のように、興味が薄れるのだ。よく信仰が、占いや霊のお告げと混同されるのは、こうした錯覚からである。人生は実に素晴らしく良くできた最高

の「ドラマ」であるとともに、そこには一貫して厳然たる「法則」があり、

すなわち、

「諸悪莫作《しょあくまくさ》、衆善奉行《しゅうぜんぶぎょう》」

「悪いことをせず、良いことをせよ」

という、極めて「当たり前」の教えのごとく、明るく伸び伸びと、力一杯生きることが、

とても大切である。

＊普及誌＝生長の家の月刊誌。「白鳩」「光の泉」「理想世界」「理想世界ジュニア版」の四誌がある。

＊霊宮聖使命＝物故者を宇治別格本山の宝蔵神社に祭祀する制度。

＊花のつどい＝生長の家の未婚女性を対象とした集い。

＊見真会＝生長の家の教えを学ぶ集い。

4 コトバは生きている

女子高生

平成十二年十一月十四日の午後三時のことだ。当日の東京はどんよりと曇って、寒い一日だった。私は午前も本部に出勤したが、午後も歩いて本部に来て、丁度《ちょうど》三時になった時、何の気なしにテレビをつけた。一チャンネルは大相撲の中継放送だったが、フト四チャンネルに回すと、そこに三人の女の子の姿が映っていた。十八歳の女子高生だというが、制服ではなくごく自由な服装で、それがこの学校の通学スタイルだということだった。

それだけなら何でもない話だが、その中の一人が男の子だというのである。アナウンサーらしい人が一人ひとりにきいて回ると、三人目の女の子が、本当は男の子だといい、可愛らしい顔をして、女の子そっくりのしぐさで物を言っていた。スカートをはいて、女の子のお化粧と髪かざりをして、学校でもそのスタイルを許していると話していたから、大変自由な高校（共学）にちがいない。

珍しいので、続いてこのテレビを見ていると、だんだん様子が分かって来た。名前は金山友吾《ゆうご》くんといい、お母さんは昌子さんと字幕に書かれていた。彼が生まれた時は、立派な可愛い男の赤ちゃんで、その写真もあった。だから小学生や中学生までは男の子として育って来たのだ。毎日ズボンをはいて家を出た。高校に入るまでは、そうやっていたようだが、次第に途中のトイレでスカートをはくようになった。そして高校二年生のとき、遂に途中でスカートにはきかえるのではなく、家から女子学生スタイルで通学するようになったのだそうだ。学校でも皆それを知っていて、〝女子学生〟として取り扱ってくれているというのであった。

だが彼の父母は必ずしもこの状態で満足ではなく、母親の昌子さんは「将来どうなるのでしょうね」と、明るい顔で語っていた。お父さんはもっと不満のようだが、画面には出ず、お母さんだけが登場し、「心に掛《か》かること」として、こんなことを話しておられた。
昌子さんはこの子を妊娠した時、「必ず女の子が生まれる」と信じて、出産するまで「女の子」とばかり思い続けていた。ところが「男の子」と知らされて、ガッカリし、とても失望したという話であった。最近は友吾君に「性転換の手術をしたいか？」と聞くと、したくない、このままでいいという答えだとも話しておられたのである。

妊娠中の思い

こうした事実を見ると、友吾君はとても母親思いで、見事に「女の子」の役割をしてくれているということができるだろう。言い換えると、母親の妊娠中の「心の思い」がどんなに胎児に影響するかということを雄弁に物語っている。妊娠したときは、もうすでに胎児の性別はきまっているのである。性染色体の遺伝子がＸＹとなるのが男性で、ＸＸが女性だからだ。

ところがその後になって、いくら「男の子」と思ったり祈ったりしても、女の子が男の子に変わることはないし、男の子が女の子に変わることもない。それを親の方が勝手に「男だ」とか「女だ」と思ったりしても、胎児の肉体はそうはならないのだ。「祈り」の場合でも、心の強い思いが祈りだから、同じことである。ただその母の思いは、胎児に強く影響しないというわけにはゆかないのである。

そこで男の胎児は、男性としての特徴をひかえ目にしたり、肉体の成長を阻害して、どこか体組織の発達が不完全なままで生まれてくるということはありうる。その結果、中性的な状態で生まれたりすることもあり、女性胎児の場合でも、同様の障害が出ることがある。それ故《ゆえ》、妊娠中に胎児の性別について「ゼヒ男性」とか「ゼヒ女性」という差別意識を持つことはやめることが賢明である。

世界的にも、インドや中国（チャイナ）では、女児の誕生をきらい、何らかの予告で中絶をすることが問題視されているが、これでは出生児数の男女差がひどくなってきて、社会的問題を引き起す。さらになおわが国でも、経済的理由によって妊娠中絶を試みる人もいるが、このような胎児への「出生拒否の心」は、出生した子供にも影響する。ことに中絶児の数が多ければ多いほど、その影響は「業《ごう》」としての圧力を加え、やがて出生し得た子供の成長やその心情にも強く現れてくるものだ。

前にあげた友吾君が中学・高校の段階で、次第に女性的心情に陥っていったように、中絶児を作ると、その父母の心の「子供拒否の心」が出生児にも影響し、中学・高校のころから急に反抗的になったり、父母の希望に反する登校拒否や昼夜転倒の生活に陥るし、それが激化すると、父母への暴力や殺傷事件にも発展することがあるから、極めて危険である。

それに反して、妊娠中に、母親が音楽の演奏に没頭したり、絵画や読書の趣味に惹《ひ》かれている時には、その心情が胎児にも伝わり、音楽その他の天分を持った子供に育つことが多い。中には子供がヴァイオリンを弾《ひ》き出したころ、母親が妊娠中に演奏した曲目をスラスラと弾いたという実例も報告されたくらいである。

女の子五人でも

従って、父母が信仰心を持っている時には、その信仰が「胎児」にもいつとはなしに伝わり、幼少時から自然に入信したり、いつとはなしに守護されていたり、さらにある年齢において信仰が深化するということはよくある現象である。例えば平成十二年八月二十七日に、松陰《しょういん》練成道場で、＊藤田登美子さん（昭和二十三年二月生まれ）は、次のような体験を話して下さった。

彼女は山口県下松《くだまつ》市昭和町に住んでおられ、ご主人の友彦さんは会社員である。登美子さんの実母さんは渡部美津子さんというが、この美津子さんは娘時代から「生長の家」に入信しておられた。登美子さんのご主人（友彦さん）は二十代で両親を亡くされたが、お母さんは信仰深い方であったという。登美子さんも二歳の時に父を亡くし、その後は母一人で三人の子供を育てて下さったのである。

登美子さんと友彦さんは、昭和四十八年四月八日に結婚した。やがてマイ・ホームを購入し、年子で二人とさらに女の子一人をさずかった。経済的には精一杯だったが、さらにもう一人妊娠したのである。そこで当時の登美子さんは、人からすすめられ、何とかして堕《お》ろしたいと思い、ミカンをじゃんじゃん食べた。それが流産につながるとは聞いたこともないが、そういった話が当時伝えられた。

彼女はその言葉の力に引きずられ、朝から晩までミカンばかりを食べ続け、生理を起す薬も飲み、朝も晩も縄飛びをしたというが、体力増進にはなっても、全く流産の気配は起らなかった。「下痢と共に流産をする」とある人から聞いたのだが、それでも何の兆候もなかったのは、幸せであった。そこでついにご主人に相談すると、産婦人科に行って医師に相談するようにと言われた。そこで彼女は夫の言葉に従って、医師に今までやってきたこと一切を打ち明けたところ、

「そんなことでは子供は生まれません。」

とハッキリ教えて下さった。あとで分かったことだが、この医師はキリスト教の信仰者であったというが、これまた幸せなめぐり合わせであったといえるだろう。人がどこの病院を選ぶか、どんな職業を選ぶかも、人の「心」がきめるのであり、父母の心の傾向が影響するし、本人の信仰や考え方とも深く関連しているからである。

やがて妊娠八ヵ月になると、やっと胎児は双児《ふたご》だと判明した。その時、夫の友彦さんは笑ってこうおっしゃった。

「五人女の子でも、楽しいだろうね」と。

その明るい希望に満ちた言葉を聞いて、登美子さんはとても嬉しかった。これは前にあげた女の子ばかりを求めた女性とは違い、普通なら男の子がほしいというところを、「五人の女の子でも」とおっしゃって下さったことに彼女は感激した。そして楽なおまかせの気持で、一度に二人の「男の子」を安産したのであった。

登美子さんはとても嬉しかった。そのころ五つ子のお産のニュースが報ぜられていたが、登美子さんは他人の助力をうけず、一人で五人の子育てをした。当時山の頂《いただき》に住んでいて、自転車で登り降りしていたが、三人の女の子が幼稚園に行く時の送迎とか、双児を両脇に抱えて授乳したりもした。すると一日が二十四時間では足りないくらい忙しかったのである。

ご主人の出番

けれどもある日食器を洗っていて、フト気がついた。そうだ、食器洗いの速度を二倍にしたら、時間は半分ですむ。そう気づいた時、とても嬉しかった。さらに近所の方も心配

して下さって、

「あなたが倒れたらいけないから、お母さんに手伝ってもらいなさい」

と言って下さった。そのことを母に言うと、この母がまたすばらしい。そのころ母は独りで自活しておられたが、

「そんなことをすると、ご主人が父親としての出番がなくなると思います。あなた方夫婦二人が心を合わせて育て、本当の夫婦になる時なのでしょう。私は一人で三人の子供を育ててきました。だからあなた方夫婦が力を合わせたら、五人の子供ぐらい育てられますよ」

と教えて下さったのである。そしてその通りのことが実現した。友彦さんはそれまで好きだったパチンコもタバコもやめ、会社員だったが近くに農地を借りて野菜や果物を作り、家計を豊かに助けて下さったのである。しかも週末には家族総出で、泥と汗にまみれて自然の中での楽しい子育てをした。近所の人から、

「いまは大変ですね」

となぐさめられると、登美子さんは、

「いいえ、今がとても楽しい、子育てがとても楽しいのです」

と言いたいくらいだった。双児の子はよく熱を出したが、四日目には必ず熱が下がると三人の女の子の経験から考えて、神様に祈ってその通りに元気になり、安らかに暮らした。ご主人はまさに行動の人だった。常に他人のために骨身おしまず働き、だれに認められなくても、一所懸命につくしておられる方であった。子供さんたちも、「お母さん、どこに行っても、何があっても、生長の家があるから、大丈夫よ」といってくれ、青年会で活動し、登美子さん自身も白鳩会の支部長、そして地方講師として活躍しておられるのである。

夫と女性たち

このように永い人生においては、「言葉の力」で迷うことや悩むことがあっても、胎内から教えられたり、幼くして伝えられたりした信仰とその人の運命は、必ずいつかは力強く伸び育って行くものだ。さらに又別の例では、夫の浮気に悩んだという人の体験談もきいた。この方は生まれた時からの入信ではなく、夫の女性問題でだいぶ苦しんだ後の入信だが、ゆみ子さん（昭和二十八年六月生まれ）といって、北海道の釧路市に住んでおられ、ご主人は公務員である。

彼女の夫は、とても女性にもてる人で、十五年以前から女性を次々と取りかえて、家庭生活にはさっぱり気が入らない様子であった。しかもこの傾向が年とるにつれてひどくなり、この四、五年はほとんど〝母子家庭〟のようになり、ゆみ子さんは親子三人で何とか暮らしていた。しかし夫がいないのは、子供にとってても淋しいものだ。ゆみ子さんも四十代半ばになったし、やり直すのは今しかないと思い、ある日子供にきいてみた。すると、

「好き勝手ばっかりやって、言いたい放題のお父さんだけど、ここにいたら楽だから、お母さん、我慢できるなら、ここにいようよ」

という答えだった。しかし夫の幸せを考えると、自分がいない方が幸せかも……と思うと心がきまらず、身体も不調になってきた。どうしようもないな、と思った時『甘露の法雨』のことを思い出し、読みはじめた。するとそこに「感謝」と「和解」ということが書いてあった。

しかし「あんな女たらし」と思うと、感謝なんかとてもできない。「和解」もとんでもな

い話だ。だがこれをしないと前に進めないという気がするのであった。

和解と感謝

これも『甘露の法雨』の中に書かれている言葉の力である。そのコトバに導かれ、遂に決心をして、下の女の子が高校を卒業するまで、五年間「生長の家」をやってみて、それでダメなら、その時離婚しようと考えた。そこで教化部に電話をしてみると、「すぐいらっしゃい」という返事をもらったので、話を聞きにいった。すると教化部長さんが、『一日に五分間でいいから、ご主人に、「ありがとうございます、大好きです」ということを一ヵ月続けてごらんなさい。必ず変わりますよ。その時心に憎しみのコトバが浮かんでもかまわない。そのまま一ヵ月続けてごらんなさい』

と教えて下さった。ゆみ子さんはその「憎しみのコトバが浮かんでもかまわない」という所が気にいった。当然そうなるだろうと思うからだ。そこで言われた通りのコトバを、毎日続けて言うようにした。それは平成十年十二月のことだった。

やがて十一年の正月になると、ご主人の実家で年越しをして、夫に「子供と一緒に家に帰ります」と言うと、彼が「一緒に行く」と言うのだ。そして「お前の実家にも寄ってあげる」といった。ゆみ子さんは驚いた。七、八年以上も、彼女の実家などには、目の前を通っても、寄りつきもしなかった夫が、そう言ったからである。

彼女はこれが祈りのコトバの力かな、と思ってとても嬉しかった。それから夢中になって、『生命の實相』や『白鳩』誌や、その他いろいろの聖典を読みはじめた。しかしその間、五月にも色いろのことがあり、心を乱したことはあったが、そんな時でも「神想観」をして、実相世界の完全円満を心に描いたのである。すると何となく目の奥の方が明るくなり、とても気持がよくなった。

こうして教えられ、読誦したりしたコトバの通りを実行して、さらに相手の女性に対しても感謝することと、夫は自分を導いて下さったお方であると思うように心が変わってきた。しかし平成十一年の十一月にはやはり「ゆるせない」と思うようなこともあり、別居を考えたが、一月には札幌の練成会*に来て、「神様に全托すること」を学んで帰ったのである。

その後六月になるとショッキングなことも起ったが、ある講師の方に相談すると、誌友会を開いて下さった。そこに誌友さんや教化部長さんが来て下さったことに感謝して、さらに「神想観」を続けると、急に涙がこぼれてきた。そして「そのまま生きていてよかった」と気がついた。すると夫が「神の子」だと思われるようになり、今はほとんど家にいてくれ、食事も皆そろってワイワイ言いながら食べることができるようになったという話であった。現在彼女は夫に対して、愛の表現のごあいさつを大いに実行しているようであった。

＊　松陰練成道場＝山口県吉敷郡阿知須町大平山一一三四にある、生長の家松陰練成道場。
＊　札幌の練成会＝札幌市中央区南四条西二〇−一−二一にある、生長の家札幌教化部で行われる地方練成会。

Ⅲ　神様のアンテナ――神想観

1　理想社会を作るには

言葉の使い方

人生は言葉で作られる。先《ま》ず父母が結婚しなければ子供は生まれないが、その結婚は言葉で約束される。正式の結婚でなくても、何らかの言葉によって（又は行動という言葉で）子供の誕生が約束されるのだ。さらに社会は各種の法律や条令《じょうれい》で規定されるが、これもコトバで作られる。学校への入学も、卒業も、就職も、言葉によって（文書によって）きまるのである。それ故吾々《ゆえわれわれ》は言葉（コトバ・行動）を大切にし、よい言葉や明るい言葉によって、明るく楽しい人生を作り出して行かなければならない。従って逆に暗い消極的な言葉で、暗い人生を作り出すことを避《さ》けるのが賢明《けんめい》な生き方であろう。

この「言葉の力」については、大部分の人々は既《すで》に理解ずみであろうが、近頃問題になっている「いじめ」という行為も言葉による〝暴力〟であることに注意しなければならない。

その他《た》社会的事象《じしょう》においては、言葉の力を随所に散見するが、平成六年十二月十四日の『読売新聞』には、次のような記事が載っていた——

『太宰《だざい》の町として知られる青森県金木町は十三日、経営難にあえぐ、作家太宰治《おさむ》の生家で、観光名所となっている旅館「斜陽館《しゃようかん》」（黒滝武美社長）を買収、新年度予算に同館の買収費用を盛り込む方向で検討していることを明らかにした。

この日の同町議会の一般質問で、町側が答えたもので、買収後は資料館的な施設などに改修する予定で、昭和二十六年から続いた旅館は幕を閉じることになりそう。

斜陽館は、明治四十年に太宰治の父で大地主だった津島源右衛門氏が建てた総ヒバの入《い》り母屋《もや》造りの大邸宅。戦後、津島家が売り払って昭和二十六年から旅館となった。しかし、最近は利用客の減少などで経営が悪化していた。

このため、旅館側は経営を続けるのは困難と判断、町側に約三億円での買い取りを打診。

町側も「町の観光の目玉だけに、町が運営するべきだ」として買い取る方針を固めた。
買収額や買収後の具体的な運営方法は未定。』

〝斜陽〟という旅館名は太宰の文学に起因する呼称だろうが、文字の意味は〝傾《かたむ》いている太陽〟という意味の〝夕日〟のことを指すから、〝斜陽の国〟とか〝斜陽の会社〟というと、つぶれかかった国や会社を指す言葉である。これを旅館の名前につけたのでは、子供に「悪魔」とか「ワルガキ」という名前をつけたのと同様に、あまりよい結果にはならないものだ。従って、言葉の由来は歴史的なよい内意があったとしても、コトバそのものの力を無視しては、現実の営業成績や学業にもよくない結果が出てくる。だからこの場合も〝太宰の宿〟とか、〝太宰学荘〟とかと名づけかえた方が賢明でないかと思われる。

言葉の後遺症

さて言葉の力と言っても、その力の及ぶ範囲は種々雑多だが、ある年の暮れに、私は次のような手紙をもらった。

『（一部方言を分かりやすくした箇所もある）

合掌、ありがとうございます。

お元気でしょうか？　突然御相談してもよろしいでしょうか？　私は高校時代部活で辛《つら》いことがあり、それ以来毎日苦しみに悩まされています（現在短期大学生です）。私は部活の中であまり上手《じょうず》でなかったので、ある子に「部活をやっている時間がもったいない。違うことをやった方が良い」とか、「あなたより下級生の方が上だってことじゃん。試合に出たいだら」と言われました。（二年になっても補欠だったのです）

そして又先生に怒られても、「下むいとっちゃいかんよ。がんばるよっ」と下級生の前で言われたり、先輩に私のことを「からかうとおもしろいよ」と言っていると言われました。私が話しかけようとしても「バイバイ」と言ってきます。

私は部活の時仲の良い子がやめてしまい、一人でした。その時苦しくて髪の毛を茶色にしてみたり、テストに悪い点数をどんどんとってしまいました。苦しくてたまらなくて、逃げ道がほしかったからで、今は全くしていません。少し不良になろうとしてしまったのです。その時もその子に「茶色の髪をしてわかるよ！」と怒られました。

短期大学へ入学して、今は友達に恵まれとても楽しい毎日を送っていますが、心の傷がどうしても消えません。いつも涙を流してしまいます。あの時以来精神が不安定になってしまったりします。本当にその子に私が何か悪いことをしてしまったかもしれませんが、私はおぼえていません。今でもその子に言われた言葉を一日何回も思い出したりして、苦しくてたまりません。本当に辛いのです。私みたいな下手《へた》な人は、部活をやるのは時間がもったいないのですか？　部活で下級生より下手くそではいけないのですか？　試合に出ればそれでいいのですか？　先生助けて下さい。（今とても苦しくて……）

短期大学を卒業したら、私は車が大好きで、自動車学校へ就職したいです。若い子に車の大切さや夢を持つことを教えてあげたいのです。必ず就職してみせます。今過去のことで苦しんでも仕方ないことだと思いますが……私が悪かったのかもしれません。

しかしこれからの人生は人に夢を与えてあげたいし、生長の家を勉強したいと思います。これからがんばって生きるので、大丈夫でしょうか？

読んでくださりありがとうございました。返事は先生はお忙しい方なのですが、よろしくお願いいします。

さようなら』

今を生きること

この手紙にあるように、この短大生は、昔友達や先生から言われた「いじめ」のような言葉が、今もハッキリ記憶に残っていて、彼女を苦しめているというのである。つまり言葉の波及《はきゅう》効果は空間的に作用するばかりではなく、時間的にも持続して、多くの人々を苦しめたり、あるいは楽しませたりして、その善悪の結果をもたらすものだと言えるだろう。

次に参考までに私の出した返事を紹介すると――

『お手紙拝見しました。

あなたの手紙を拝見して、あなたがとてもいい人だということがわかります。字もきれいだし、自分の失敗した事や髪を染めたりして少し不良になろうとしたという事も、正直に書いてあります。それに友達が色々言った事を今も覚えているのは、あなたが良心的で頭もいい証拠です。

さて今あなたは短大生として楽しい毎日を送り、友達にも恵まれているというのですから、その今の楽しさに感謝し、今の生活を喜び一杯にして、生き生きとあなたの能力を出して下さい。過去に引っかかっているとあなたの心の中が暗くなり、それだけあなたの進歩が阻害されてしまいます。

もしあなたの心が暗くなったり昔の事が思い出されたら、神想観をして神様の無限の御力があなたの中に天下《あまくだ》っている事を心に描き、感謝の言葉を唱え、あなたの今の楽しい思いを一つ一つ思い出して感謝して下さい。

あなたが今、自動車学校に就職したい、若い子に車の夢を持たせたいと言っているのは、いい事です。明るい希望に満ちたあなたの人生を、これから築いていって下さい。あなたの心の持ちようで、いくらでも幸福になれます。人に深切をしてあげて下さい。生長の家の教えを今から人に伝えるような愛行もして下さい。友達に雑誌でも何でも見せてあげたらいいのです。引っ込み思案《じあん》ではいけません。明るく伸び伸びと活躍して下さい。

ではお元気で、さようなら』

練習しよう

　このように人は色々な言葉によって〝人生〟を作り出して行くが、もしその言葉が「過去」のものであり、しかもそこから脱出したいと思うならば、いたずらにその「過去」に引っかかることなく、新しい「今」を生き、未来を創《つく》り出して行かなければならない。そのためには、自分こそ人生の〝主人公〟であって、どのような輝かしい運命でも、明るく良い言葉を使うことによって、作り出す力があるのだということを確信することが大切である。もしも、

「私には確信が持てない」

　というのであれば、練習によって確信が持てるようになるのだ。それはどんな幼児でも、最初からピアノが弾《ひ》けるとは思わないかも知れないが、誰か先生について練習して行けば、必ず弾けるようになるようなものだ。平成六年大江健三郎氏がノーベル賞をもらったというので、急に彼の著書が売れ出したが、ついでに氏の長男の光《ひかり》君の作曲したＣＤまで売れ

るようになったそうだ。光君は知能障害者であって、とても作曲などは出来まいと思われるが、小さい頃からピアノを練習した結果、立派に作曲もして、なかなかきれいな曲を発表しておられるのを聞いたことがある。同氏のことについては平成七年五月号の『光の泉』＊にも書いたから、参考までに一読して頂きたい。即《すなわ》ち〝練習〟や〝修行〟がいかに大切かが分かるのであって、どんな人のどんな才能でも、〝練習〟なくしては発揮できないのだ。

しかも幼いころからの〝練習〟が特に大きな効果を持つから、若い人達がどんな言葉を使い、どんな日常生活を送っているか、何を練習し、どう学んでいるかがものすごく大切である。もしそれが人をいじめる言葉や、人生の暗黒面を見て、人や社会をやっつける言葉の練習をしているのであれば、実にあわれな人生を〝創造しつつある〟ということが出来る。言葉遣いというと、何か一種の〝作法《さほう》〟とばかり思われ勝ちだが、決してそんなものではない。少なくとも人は母国語だけでも、美しい言葉や明るいほめ言葉や、感謝の言葉が使えるようによく練習し、さらに神想観の実修にまで進んで、実相をほめ称《たた》えて行くことが大切である。

次には「美しい日本語」について書いてあった平成六年十二月二十六日の『産経新聞』

の記事を紹介することにしよう。

『「やれやれ座れた」と十五分ほどの距離のバスの座席に腰をおろしたときでした。七十代前半とおぼしき白髪の上品な老婦人が乗ってきたのです。瞬間、私は「石」になりかけました。すると、隣の席の若い男性が「どうぞ」と立ち上がりかけました。

老婦人は「すぐに降りますので大丈夫ですから」と辞退し、次の次の停留所で降りましたが、降り際、席を譲《ゆず》ろうとした男性に「お心づかいありがとうございました」と声をかけていかれました。

「石」になりかけた自分が恥ずかしくなるとともに、師走《しわす》の寒い日でしたが、バスの窓から射す陽の光りのように、何だか心が明るく暖まる思いのする光景でした。』

神想観と無礼者

これはバスの中での青年と老婦人との思いやりのある会話であるが、勿論言葉のやりとりだけではなく、行動がそれに伴っている。言葉が美しいということは、行動も亦《また》美しく、気持よく、深切で、思いやりがあるということだ。若者が折角席をゆずろうとしても、つっけんどんに断わるだけで、黙って降りたのでは、青年の方も傷つくだろう。まるで「いらぬおせっかいだ」とか「私はまだ丈夫《じょうぶ》なんだ」という無言の言葉がハネ返るようだから、お互いの愛が伝わらないのである。さらにこのコラムは次のように続いていた――『そしてそれ以上に、老婦人の美しい言葉づかいに心が洗われたような気がします。日本人として、日本語の多彩な表現や言い回しがあるにもかかわらず、いつも似たような単語しか使っていないことに常々《つねづね》、情けない思いをしていたところでした。

私の知人で「もしもし」「恐れ入ります」「どういたしまして」「よろしく」「失礼します」などの表現を全部、「どうも」だけですませている人がいます。また「もうしわけありません」「ありがとう」「ちょっと失礼」などを「すいません」だけですませている人、なかにはそれも省略して、ただペコンと頭を下げるだけの若い人も多いですね。

日本語の乱れと指摘するほどに、こちらもたいしたことはありませんが、やはり美しい言葉づかいを耳にすると、「いいなあ」と思います。それにたくさんの言葉を知ると、自分が豊かになったような気がします。美しい日本語の表現を駆使《くし》できたら、きっと人とのふれあいやおつきあいにも広がりや深みがでるにちがいありません。

そういえば以前、中学二年生の母子を取材したことがありますが、語《ご》いの豊富な子供のお母さんは、やはり言葉をたくさん知っている方でした。

何事もまずは自分からですね。来年こそは、美しい日本語で美しい生き方ができますように。（スタッフ21）』

言葉は人間だけが自由に使いこなし、この現象界という表現の舞台を作り上げて行く「道具」であり、「脚本《きゃくほん》」でもある。それ故吾々は心して「良い脚本」を書かなくてはならないし、それに基づく「良い演出と演技」をしなくてはならないのである。そのためには、何が良いかいけないか、善か悪かを判別し、勇気を持って善（良）を取る訓練をしなくてはならない。その基本練習が「神想観」である。即ち神の創り給うたそのままの実在界、理想世界を、日々心に描き、観ずる練習をするのだ。これを毎朝、そして毎晩三十分ずつやっていると、自然に「良い言葉」が口をついて出てくるようになる。そして深切な行いがやれるようになるのである。人に道を譲られても、黙っていて「どうも」とも言わず、頭も下げずにわれ勝ちに押し通って行くような〝無礼者〟はいなくなり、明るく美しい社会が作られて行くのである。

「『生長の家』信徒行持要目」*の第八項にはこう書かれている――

「毎日一回は必ず神想観を実修して、心を光明化すべし」と。

いつどこで何時《なんじ》からやらなくてはならないということでもない。ただ必ず「一回はやる」という〝基本的な練習〟から始めようではないか。

* 平成七年五月号『光の泉』＝同誌に掲載されたこの論文「さらなる魂の向上」は、『何をどう信ずるか』（谷口清超著、日本教文社刊）に収録されている。
* 「『生長の家』信徒行持要目」＝『新編聖光録』（谷口清超監修、生長の家本部編）に収録。信徒の心得べき要目一切を、手軽な文庫判におさめた生長の家信徒必携の書であり、全神示を冒頭に、神想観や浄心行、誦行などの行法の全てを網羅している。

2　小善がふくらむ

AC・アダプター

世の中には、病気や飢え、戦争など、色々の〝悪〟が存在するように見える。しかしそれでも無数のよい所があるし、探せば探すほど、美点や長所、そしてありがたいことや〝好都合〟などが出てくるものである。

例えば私は近頃、かつて買ったらしい古い機械や器具を、自宅で〝再発見〟している。昔むかし渋谷駅から明治通りを三丁目の方に少し行った所にある古物店で、ラジオなどに使うAC・アダプター（TEAC）を買ったことがあった。電池の代わりに、百ヴォルトの電線から、3V《ヴォルト》や6V……12Vなどの電池に代わる働きをさせるためのアダプターだ。それは普通3Vなら3V、6Vなら6Vと固定されたものであるが、私の買ったのは3Vから12Vまで、自由に変更できて、しかも接続部分の＋と－がどちらにでも変えられるという便利なものだった。

それをどこかに置いたのだが、年月が経つうちに、どこに置いたのか忘れてしまった。そのうち、ある休日に家の一室の戸棚を開けてみると、古いラジオ（ソニー）が出て来た。そのラジオは重くていかめしいが、機能がそろっていて、AMは勿論、FMも、短波も幅広く聞けるし、マイクにも使えて、カセット・テープにもつなげるものだ。ではこれを使ってみようと思って、電池ボックスを開けると、さびた単二電池が三本出て来た。

そこであり合わせた単二の電池を入れてみると、良い音がするし、機能はそろっていた。そこで私の書斎（二階）で使おうと思ったが、さらにAC・アダプターがあると便利だと思って、例の古物の〝万能アダプター〟を探したが、行方不明で中々見つからない。本部の机の方もさがしたが、そこにもない。仕方なく、しばらくは乾電池で聞こうと思って、二階の書斎に持って行って、フト見ると、棚の上にこのラジオを置こうと思ったその棚の所に〝万能アダプター〟ＴＥＡＣが置いてあった。そこで早速四・五ヴォルト用にセットして、大いに満足しながら聞いたものである。

このようにして、古い機械でも小さな道具でも、すぐれた古物が沢山発売されてきた。従って今でも世界の各地にはこんな古物も眠っているはずだが、遂にその力を出さないままに廃棄されてしまうのが大部分である。人間の才能でも、すぐれた徳性でも、こうして隠されているが、多分「発見されること」を待望して、ウズウズしているにちがいない。

ある会社員の悩み

というのは、本来人間には無限力があるからだ。人のいのちは永遠不滅であり、その実相を「神の子・人間」と言う。神性《しんせい》・仏性《ぶっしょう》とも言うのである。しかもその神性・仏性は、様々な現象界に「認めただけが現れる」のであって、〝認める〟という心がないと、現れてこない。それは丁度、どんな名優がいても、その名優の能力を認めて舞台にあげて役を与えなければ、名演技を現さない、いや現しようがないのと同じである。

この原則は、教育の場でもよく活用されているが、社会人になってからでも、職場などで当面することがある。例えば平成十一年四月十五日の『読売新聞』の〝人生案内〟欄に、次のような質問がのせられていた。

『30歳代の男性です。勤めている会社では体力のある人が幅を利《き》かし、気の弱い人やノルマの上がらない人、うまく立ち回れない人に対して、にらみつけたり、当たり散らしたりしています。

会社側は、こわもての人を使って生産量を上げ、社員を管理したいのだと思いますが、弱い者いじめとしか思えない光景を見ると耐えられません。

私は何度か転職して、今の会社におりますが、これまで勤めたどの会社でも、我の強い人でないとうまくやっていけない風潮がありました。行動力を売り物にする人の方が上司には重宝がられているようです。

だれも好き好んで要領が悪かったり、気が弱かったりするわけではないのに、強圧的に「みんな同じ」を求められるのはおかしいと思います。このまま会社に残ろうかどうか迷っています。アドバイスをお願いします。

このAさんは上司の無理解から、我の強い人ばかり求められていて、自分は認められていないから、会社をやめようかと思うと相談をしている。こうしてAさんは今までに何回も会社をやめたらしい。こういった人は、とかく転々として職場を移るものだが、この質問の回答者は三木善彦さんという、大阪大学の教授であった。

（東京・A男）』

『人間関係の楽しい職場で働いている人は、ほんとうに幸せです。平安時代の昔から、「すまじきものは、宮仕え」と言われていますが、組織で暮らすとつらいことがいっぱいあります。

中国の思想家・老子は「人を知る者は智《ち》なり。自ら知る者は明《めい》なり」と言っています。他人の善悪を知る人は智者であり、自分の愚かさを知る人は明察力のある人という意味です。さらに、老子は他人に打ち勝つ人は強い人であるが、自分の欲望に打ち勝つ人はもっと強い人であるとも言っています。あなたは職場の状況をしっかり見つめ、会社が求める画一的な人物にならず、いじめに加わることもしません。老子の言う「智と明をもち、自分に強い人」です。

いずれの会社も似たようなものなら、転職しても同じです。今の会社で誠実な努力をして技能を高め、人間関係を生き抜く知恵を身につけ、ほんとうの意味での「重宝な」人物になってほしいものです。あなたのような人が昇進して、職場の雰囲気を改善すれば、多くの仲間が助かります。』

神の子と罪の子

この三木教授の回答は、簡にして要を得た大変すばらしいものと思う。Aさんを「智と明をもち、自分に強い人」だと、その長所を認めている。しかも会社を何回もやめた点をとがめることもなく、どこへ行ってもムダだから、やめないで今の会社で誠実に努力して技能を高め、「重宝な人」になって、職場の雰囲気を変え、人助けをしなさいと教えておられるのである。こうして長所を発見されたAさんは、きっとその忠告に素直に従って、新しい人生を切り開いて行かれることであろう。

どんな人でも、現象人間は実相人間（神の子・人間）とはちがって、その〝投影〟であり、演技者であるから、中味のすばらしさを大部分隠している。その「隠している」ことを「罪」ともいう。〝罪〟とは〝包み〟のことだ。その罪の姿ばかりを指摘したのでは、中々罪が消えないのである。外側の「包み」よりも、「中味」のすばらしい「神の子」を指摘し、それを引き出すようにすることが、正しい助言ではないだろうか。

例えば、あなたがどこかへ手土産を持って行く時、ふろしきか紙袋に入れて持って行ったとしよう。それを先方に手渡すとき、

「これはふろしきです」とか、

「紙袋を持参しました」

と言う人はいないだろう。

「これはケーキです」とか、

「これはどこそこの名物まんじゅうです」

などと、中味を言うはずだ。ふろしきですと言っても間違いではないが、中味を言う方が単刀直入《たんとうちょくにゅう》で、とても判りやすい。ひいては世のため、人のためになるのである。コトバの力によって表現されたことが実現しやすくなるからだ。しかし、単にコトバだけでは

なく、行動が大切だから、世の中では彼又は彼女の〝行動〟によって、善行には善果が報いられ、悪行には悪い結果が報いられるのである。

しかもその「報い」は、単なる現世（今生《こんじょう》）に現れてくるばかりではなく、次生《じしょう》（次の人生）にも現れるし、後生《ごしょう》（次生の次からの人生）にも現れてくる。仏教ではこれを「三《さん》時業《じごう》」と言い、

「順現受業《じゅんげんじゅごう》（順現法《ぼう》受業）、順次《じ》受業（順次生《しょう》受業）、順後受業（順後次受業）」

と、その報いの遅速《ちそく》によって業《ごう》を三つに分けるのである（道元《どうげん》禅師は『正法眼蔵《しょうぼうげんぞう》』の中で詳しく説いておられる。『正法眼蔵を読む』新草《しんそう》の巻*の「三時業の巻」を参照されたし）。

よく人はフト「魔がさして」こうこうしたというが、もともと善良な人であっても、つい思わぬ悪行に走ることがあるのは、多くの場合「三時業」の中の出遅れた業が展開して消えて行く姿であるといってもよいであろう。

ある死刑囚

さらに同月同日の『読売新聞』には、〝弁護士〟という特集欄の16回と18回で、こんな死刑囚の話がのせられていた。それはこの死刑囚の弁護をした永沢徹さんの立場から書かれた記事だが、一九九五年五月二十六日に死刑が執行されたという。この死刑囚は五十四歳だったが、仮にXとしておこう。X氏はその九年前に、東京都内で身代金目あてに六歳の男の子を誘拐して殺害した。しかも彼は裁判所で罪を全面的に認めたので、初公判から死刑判決まで五ヵ月しかかからなかった。その上永沢弁護士が行った二審への控訴をX自身で取り下げて、死刑が確定してしまったのである。これは「極めて異例のことだった」という。

『拘置所に駆け付けた永沢に、男（X）は、「お忙しいのに、終わった後もおいでいただきまして、ありがとうございます」と言って、頭を下げたのだった』（『読売新聞』の十五日の記事）とある。

八六年五月の昼下がりのこと、Xは東京の下町で男の子に声をかけた。買っておいたカブトムシの幼虫を男の子に見せ、神社の境内にさそった。幼虫が立派なカブトムシになれるように土に埋めようといい、それに枯れ葉をかけていた男の子を、Xは後ろから二・八キロの石でなぐりつけ、ひもで首を絞めて殺したのだ。

数時間後にXは「息子を預かっている」と男の子の父親に電話して、二千万円を要求した。母親が指定された公園に行った時、彼女に声をかけたXは捜査員につかまった。男の子は当時小学一年生になったばかりだった。Xは「頼りなげで、小さな中年男」だったそうだ。永沢弁護士がXに、「死刑の可能性が大きい」と言っても、

『もう覚悟しています。これだけの事をやってしまったのだから当然です』

と淡々と話した。そして「自分は一日も早く判決を受けて、遺族の方におわびしたい」といい、裁判の引き延ばしを望まなかったという。永沢弁護士の手許には、Xからの手紙が二十七通残っているが、

『白い便せんに、縦書きの丁寧な筆跡。文面の多くは、自らの罪への遅過ぎた悔悟《かいご》の念、そして、被害者、遺族らへの謝罪の言葉に割《さ》かれている』（『読売新聞』の記事）

と記されている。さらに〝弁護士〟の欄の18回には、一九八六年九月十七日の公判でのXの母親の陳述が記されている。それを聞いていたXの、永沢弁護士へあてた二日後の手紙は次のようなものだ。

『母の、先生（弁護士）の質問に対する返答の弱々しい声、苦しそうに答える姿を横から見ていました。足がだいぶ悪いようで……。私はなんということをしてしまったのだろう……。母が（被害者の）ご家族に謝罪の言葉を言ってくれた時、心の中で「おふくろありがとう」と、手を合わせました』

さらに又、こうも書いている。

『（前略）奥さん（被害者の母）が、私が○○ちゃんを殺害したように私を殺してやりたいと証言なさいました。感情を抑えていらっしゃいました。ご主人もおそらく同じ考えではないでしょうか。私は、できることならそうしてもらいたい、それでご家族の気が済むなら』と。

さらにXの永沢さんにあてた十一月四日の手紙には、

『たった一つの嘘《うそ》が膨らみに膨らんで何十年、心の垢《あか》となり、悪の巣となり、この「嘘」という一文字が何十年と私を引きずってきました。その悪魔のような心を持った私でも、子どもたちと遊んでいる時は童心に戻りました。それが今は子どもの姿を見るのがこわい』

とある。

小善を軽んじないこと

このようにしてXには、一九九五年五月に死刑が執行された。度重《たびかさ》なる弁護士さんの上告のすすめを断って、第一審で死刑を受けることを望んだからであった。このいきさつを見ても、Xもまた本来は神性・仏性の「神の子」であり、何が善か悪かを充分承知していた人であった。しかも「魔がさした」というが、〝魔〟とは仏教の言葉でマーラ（māra）であり、さまたげる、蔽いかくすという意味である。真実の心が蔽い隠されること、太陽の光を雲が遮《さえぎ》る如くであり、他者《たしゃ》ではなく、主《しゅ》として自分の犯した過去世《かこぜ》からの悪業がこれに当たる。

それも現世の行為と無関係に起ってくるのではなく、何かその〝引き金〟になるような行為がなくては現れて来ない。Xの場合はまさしく彼の告白しているような「嘘」（うそ）であった。たった一つの嘘がふくらんで、遂にそれがアンテナとなり、過去世の業の総決算を引き寄せ、六歳の少年を殺して、二千万円を要求するという愚かな悪事を犯したのであった。

何の「嘘」が切っかけであったかは語られていないが、最初はたった一つの嘘がふくらんだと言っているように、そう大した嘘でもなかったようだ。しかしそれを隠すためにさらに嘘が使われ、それが次第に増大して、大きな悪事にまで及んだのである。身代金二千万円を要求したことからみても、おそらく「借金」が積り積って行ったのであろう。

それ故《ゆえ》人は小さな悪や、小さな善を馬鹿にしてはいけない。小さな悪も増大するが、小さな善も増大し、増殖するのである。人はとかく天下国家を救い、世界を平和にするなどの〝大きな善〟を志しながら、〝小善〟をないがしろにして、さらにこれを軽蔑するのだ。いかにも小善は目立たず、たよりなく、弱々しいようだ。しかしそれは「神性・仏性」を引き出す最も手近なスイッチである。そのスイッチをONに入れさえすれば、大きな電力が得られるにもかかわらず、それを入れないで、逆方向の悪を一時のがれのウソなどでごまかそうとするのである。

「人間は神の子である」

というのも、

「人間は罪の子である」

と説くのも、同じ現象人間の説明では間違いではない。しかし「罪の子・罪の子」と言い続けていると、罪の姿、即ち〝魔〟はいつまでも消え去らないのだ。しかし「神の子」と言い、それを唱え誦していると、必ず本来の実在人間の光り輝く姿が展開してくるのである。だから、こうした小善を行い続け、日々たった三十分間でも「神想観」をやり、実相世界の円満完全を心の眼で観《み》、〝ありがとう〟の挨拶や、にこやかな笑顔や、ちょっとした愛の気持をコトバに出すことを、たゆみなく行おうではないかと提言するのである。

＊『正法眼蔵を読む』新草の巻＝『正法眼蔵を読む』「新草の巻・拾遺」。生長の家総裁谷口清超著。道元禅師の著書『正法眼蔵』を平明な現代語に訳し、解説を加えた書。この他、上・中・下の三巻がある。著者の法燈継承記念出版。（日本教文社刊）

3　めぐり会う人々

人々の出会い

明治三年（一八七〇年）に、鈴木貞太郎という子供が、金沢市で生まれた。二十一歳の時、東京帝国大学（今の東大）に入学し、円覚寺にも行って禅を修行した。この人があとで鈴木大拙《だいせつ》と呼ばれる宗教家になったのである。そのころ鎌倉の円覚寺には今北洪川老師がおられたが、翌年（一八九二年）に亡くなり、その後を釈宗演老師がつがれた。釈老師は新しい知識にも耳を傾けようと、僧衣で慶応義塾に通学し、三十四歳で臨済宗円覚寺派の管長となった人である。

その翌年シカゴで「世界宗教大会」が開催され、出席することになり、釈宗演老師はそのスピーチの英訳を鈴木さんに依頼した。そこで鈴木さんは、英訳を引きうけたが、まだ英文作成が未熟だったので、その頃東京帝大を卒業した夏目金之助（漱石）氏に訂正してもらった。この訂正原稿は今も鎌倉の東慶寺に保存されている。漱石さんもそのころ円覚寺に参禅していたので、お互いに友人だったのであろう。

そのような経緯から、鈴木さんはその後アメリカ・イリノイ州のラ・サールに渡り、以来十三年間、ポール・ケーラスという宗教著述家の『オープン・コート』という宗教誌の編集スタッフとなったりして、『老子道徳経』の翻訳なども行った。こうした生活によって大拙さんは英語を自由に書きかつ話すようになったのだが、人間と人間との出会いは、不思議なもので、人の運命や信仰などもこうして次第に成熟して行くものである。

この鈴木大拙氏が八十二歳になった時、フト出会った岡村美穂子さんという人がいた。彼女がまだ十四、五歳のころ、大拙氏のコロンビア大学での講演を聞きに行ったのだ。美穂子さんはアメリカで生まれた二世で、当時高校生だったが、日本の有名な宗教家が英語で講義するというので、すすめられて聞きに行った。それがきっかけとなり、彼女の運命が決定的なものになる。岡村美穂子さんはそのへんの事情を、平成九年五月十一、十二日のラジオ放送（ＮＨＫ第一の〝人生読本〟）で話しておられたが、『思い出の小箱から』という本（燈影舎発行）にも記されている。

宗教はどうなるか

これらを総合すると、大拙氏の二回目のニューヨークでの連続講演会（一九五二年）に参加した美穂子さんは、大拙さんが立派なすばらしい英語で講話されるので驚いた。老人らしくもなく、静かで生々していた。日本製の風呂敷から、古い〝華厳経〟のテキストを出して、大学生や教授達の熱心に見守る雰囲気の中で、ごく自然に話されたのがスゴかったという。

「今日は皆さんに、時間と空間を超えたお話をします。それは仏《ほとけ》のお話です」

というのが大拙さんの冒頭の言葉だった。難しい内容だったが、何か質問したいと思った彼女は、こう質問したのである。

「世界には沢山宗教があるけれども、窮極的には、同じ所に到達するんではないでしょうか」

するとと大拙さんは、じっと美穂子さんをやさしく眺めてから、ちょっと間《ま》を置いて、

「ノー」

と一言答えられた。美穂子さんは、それ以上何も問えなかったが、内心「イエス」を期待していたので、大いに戸惑った。するとその様子を見ていた大拙さんは、「明日は土曜日で学校がないでしょうから、お茶にいらっしゃい」とさそってくれた。それ以来、大拙さんと美穂子さんとは、大きな年齢の隔《へだ》たりはあったがとても親しくなり、大拙さんが一九六六年九十六歳で亡くなられるまで、秘書役を務めたのであった。

美穂子さんが最初にした質問はとても大きな問題で、父母の不和等で、かなり深刻な悩みをいだき、人生の意義を求めていた頃であった。この点を前述の著書では、司会者が、『岡村さんが、「宗教というのは、結局、みな同じではないか」と聞かれた……』と言いかえていたが、これでは美穂子さんのラジオの発言とは、多少異なった意味になるだろう。「窮極的には同じ所に到達する」というのは、もっと深い意味がありうる。「結

局、みな同じ」ならば、どの宗教を信じてもよいという解釈も成り立つが、本当はそのようなものではない。生長の家で「万教帰一」という場合も、そのように解していると、間違いである。しかし「窮極的には……に到達する」では、ある意味では「ノー」であるが、別の意味では「イエス」ともなる。それ故大拙さんも、しばらく考えて、彼女を観察しつつ、「ノー」と答えられたのであろう。

しかも「明日は土曜日で、学校がないから、お茶にいらっしゃい」とまで言われたのは、彼女の質問を決して「ノー」の一言で退けたのではないと言いうる。しばらく月日がたってから、大拙さんは彼女に、こんな話をしてくれたそうだ。ある日スウェーデンバーグ（スウェーデンボルグ）の所に九つくらいの女の子が来て、

「神様はどんな姿をしているの、見せてほしい」

と言った時、スウェーデンバーグは一所懸命でその子に答えようとして、こんな演出をした。椅子の上にその子を坐らせて、その前にカーテンを下し、その子に「今、神様を見せてあげよう」といってから、スルスルとカーテンを上げたのだ。するとそこには鏡が置いてあって、女の子は、自分の顔をその鏡の中に見た。つまり「あなたが神様だよ」とい

うことである。

「ホーラ、神様がそこにいらっしゃる」

とスウェーデンバーグは言った。大拙さんはこの話を美穂子さんにして、小さい子でも決してごまかしてはいけない、ちゃんとした人格の持主なのだからといわれた――と美穂子さんは話していた。これは大拙さんの知恵と愛の一面である。

するとと神様は沢山あって「多」である。だから「同じ所に到達する」と言い切れない。「ノー」ではあるが、又同時にその「ノー」は「イエス」でもありうるのは、「一即《そく》多」「一《いち》仏一切仏《ぶついっさいぶつ》」の真理があるからだ。「多」なる人間も、皆同じ神の子の「一」なのである。

時間・空間を超える

とかく人々は神や仏を自分を超えた遠くに祭り上げるけれども、そうではなく、あなたが、神の子であり、神であり仏である。即ち神性・仏性そのものだという生長の家の教えは、ここにも示されているが、そうかといって大拙さんの説く所が全て生長の家そのままだというのではない。多少のちがいはあるだろう。

そのような意味で、「窮極的に」と言っても、その〝窮極〟のとらえ方が、説き方によっては変わってくる。しかし宗教はみな同じだなどという生ぬるいものではない。そこで例えば富士山に登る例を考えてみよう。仮に登山口は沢山あって、どこから登ってもよいとしよう。この登山口が各宗教・宗派に例えられることが多い。どの登山口から登っても、最後は頂上に達する（例外的には頂上に行かない道もあるように、宗教にもインチキ的なものがある）。その意味からは、窮極的に宗教は頂上に達するといえる。それは共通した頂上だとも言えるが、実は頂上は一つの点ではなく、複雑な円形の火口であるから、各人は夫々、

「自分の今立っているここが頂上だ」

と主張するかもしれない。するとその頂上というのは一つではなく、沢山ありうる。だから「一つに達する」とは言えないのである。即ちそれを言うならば「イエス」でなくて「ノー」と言うことができるだろう。

しかし「窮極の頂上」はもっと上にあると考えるならば、この頂上は〝頂点〟であって、

それは「イエス」である。けれどもその頂点なるものは物質としての富士山にはなく、そこから「時間・空間を超えた」さらに上空の一点に達しなければならない。その真実の頂点は一つだ——というならばそれは正しいのであって、この一点を「万教帰一」の「一」というのである。その「一」はまさに「一如《によ》」であり、「如」であり、時空を超越しているのである。このことを大拙さんが冒頭に「時間・空間を超えたお話をする」と宣言したのだとすると、「ノー」と答えた時は、十四、五歳の女の子に対して、まだそこまでは説かなかったことになる。丁度スウェーデンバーグがカーテンのかげに鏡を置いて、神様を見せたような段階の答えだったと言えるのではないだろうか。

それ故、宗教で説く中味は、五感・六感の感覚にたよったり、時間的計算をして、「もう十何年もやって来たから、悟れたに違いない」とか、「聖経を何万回読誦したから、治ったにちがいない」などという話ではないのだということを心得てもらいたい。

教えられ、助けられる

さてそれから美穂子さんは、高等学校に通っても、放課後はすぐ大拙さんの所に直行するようになった。大拙さんはそれをちっともうるさがらず、色んな雑用をしてもらったりしていたようだ。

「明日来てもいいですか」

「ハイ」

といったような感じで、自然に美穂子さんは秘書役に就いたのであった。人間の出会いというものは、このように不思議なものがあり、出会ったからすぐどうなるというものでもない。一瞬にして分かれる人々もいるし、永く続く人々もいるが、決してそれは無意味でもなく、偶然でもない。類を以て集まるところの「親和の法則」によるのであるから、時には親子となり、夫婦となるのは、よくよくの縁があった人々ということで、それはこの世一代かぎりの出会いではないのである。

美穂子さんが夜おそくまで大拙さんの仕事を手伝っていると、時には夜の八時ごろになることもあった。すると大拙さんはバス停まで彼女を送って行った。

「あぶないから」

という訳だが、大拙さんの年輩では、あまりたよりにはならない。しかしその都度《つど》バス代（当時十セント位）をポケットから出してくれたと話しておられた。そのように信頼し合ったのは、彼女の愛を大拙さんの見る所となったからであろう。愛や智慧は、直接は目に見えない。神や仏が見えないし、神の声が聞えるというものではないのと同じである。しかしその「行動」の中に、自然にそれが出てくるものである。

こうして人は出会った人々によっても、助けられ、さらに教えられて行くのである。

話はかわるが、大分県臼杵市南海添《かいぞえ》という所に住んでおられる高橋正《せい》さん(昭和三年十月生まれ)は、かつて管理職になるまでは、中学校の美術の先生をしていた時があり、昭和六十三年には退職した。父は昭和五十九年に昇天されたが、それまでは生長の家の地方講師として活躍しておられた人だ。しかも各地の集会から帰宅すると、「今日は不思議なことがあった」といって、誌友会で歩けなかった人が話をきいてからすぐ立ち上がって歩いて帰った話などをされた。

そのようなことから、いつとはなしに正さんにも「人間・神の子」の教えが伝わって行ったのである。こうして親から子へと自然に伝えられることがよくあるが、それはすでにその子がその父や母の間に生まれて来るという「めぐり会い」があったからであり、子はその人にとって最もふさわしい父と母との下に生まれて来るからである。さらに髙橋さんの話が村に伝わることによって、町や村に誌友会が広がって行った。

母もまた臼杵市の白鳩会で役員として活躍するという恵まれた家庭だった。幼い頃から、絵が好きだった正さんが絵を描いていると、父は彼に、

「お前は自分で描いているのではないよ。神様から描かせて頂いているんだということを、いつも頭に入れて、何を描くにも、先ず神様を拝んでから描きなさい」

と教えておられたというから、すばらしい教育をうけた。「このバカが」とか「ダメじゃないか」などと叱られながら育つのとは大違いだ。

昭和六十三年に正さんは教員生活をおわった。ヤレヤレと一安心した半年後に、蜘蛛膜《くもまく》下《か》出血を起して倒れた。救急車にのせられて、大分市の永富脳神経外科に入院し、その日のうちに頭部の手術をうけた。奥さんはいつも寝台のそばに付き添って、『甘露の法雨』を熱心に読誦しておられたというから、これもまたすばらしい御夫婦だったということが出来るだろう。

美しい作品を

その上すぐ近くに地方講師の先生がいて、誌友*さん達を集めて二週間の間〝集団祈願〟を行い、髙橋さんの健康・完全・円満を祈って下さった。このような愛念に囲まれていたお蔭で、髙橋さんの回復はすこぶる順潮に進み、しばらくすると院長さんが、

「あなたの趣味は何ですか」

ときいた。

「私は絵を描きます」

と答えると、

「それはいい。じっと寝ていると、よくない。今日からあんたは歩いて、文房具店に行って、絵具と筆と紙を買って、すぐ写生を始めなさい」

と忠告して下さった。正さんは待ってましたとばかり、言われた通り絵筆を整えた。病室の向こうにはウェディング・ホールがあったので、そこを見て絵を描いた。色もぬった。

その絵を院長さんが見て、

「これは、よくなっている」

と病状を診断してくれた。さらに又絵を描くことはリハビリテーションにも役立つのである。院長さんは、これが一番いい治療法だと教えて、さらに描くことをすすめてくれた。これも髙橋さんが、すぐれたお医者さんに巡り会えたということになるのであろう。以来彼は、毎日色んな絵を描いて、その度に院長さんに見てもらった。この作業は絵の勉強にもなったし、リハビリにも大いに役立ったのである。

こうして髙橋さんは二ヵ月ほど後に退院したが、臼杵市の海岸近くに住んでいたので、近くに造船所がある。そこではよく遠洋漁船を陸上げして修理しているので、そこへ行って船のスケッチをすることにした。スケッチをする前に髙橋さんは先ず船体に向かって、

「有難うございます。船さん、船さん、いつもおいしいお魚を沢山とって来てくれて、有難う」

と感謝の挨拶をするのだ。さらに鉛筆でスケッチをする前に、両手を船体につけて感謝のコトバを言う。時にはホッペタを船にくっつけてお礼と感謝をする。

これを約二十分やっていると、これからどういう絵を描くかが、自然に判ってくる。丁度家族で、あるいは夫婦で握手をするのと、そうでなくただ言葉だけで、「行ってくるよ」「行ってらっしゃい」というのとでは、そこに心の通じ方が違うようなものである。子供との間にもそれがあるから、夫が子供と会話しなかったり、父と子が触れ合わない生活を続けているということは、一生の間には大きな損失をまねくのであり、「仕事」という作品にも大きな影響が出て来ることを心得ていなければならない。

高橋さんは小さなスケッチを何枚も描いて、それを大きな作品に描き上げるのだが、その時もカンバスの前で「神想観」をし聖経を読誦して、大作を創るのだと話しておられた。

このように人生においては自分独りで仕事をするのでもなく、生活をするのでもない。多くの人々の助力を得、愛念を受け、お互いに教えられたり、教えたり、助けられたりして人生そのものを創り出して行く。ことに長い間世話になる家族や職場の方々には、神の子・人間が、そこに現れて、「神の手」をさしのべ、助力し、補佐し、押し上げていて下さるのであることを、日々感謝しつつ、自分もまた出来るだけの愛行をし、正しい教えを、縁ある多くの人々に伝えて、この人生の一幕を美事に完了して行きたいものである。

＊　誌友＝生長の家の月刊誌を定期購読している人。

Ⅳ　愛を行う——愛行

1　愛行はすばらしい

うかうかと歩く？

最近は日本人も、沢山《たくさん》諸外国に行って、観光したり、働いたり、永住したりする人がふえて来た。しかしあまりボンヤリした気持で行くと、とんでもない災難にまきこまれたりすることもある。外国も日本国内と同じと考えて、カバンでも置きっぱなしで用事をしていると、いつの間にかカバンが盗まれていたという人もいる。何しろ〝外国〟は広いのだから、色々な国があり、国情もマチマチである。「日本と同じ」と思って、うかうかとして歩いたり、買物をしたりすると、具合が悪い。

東京の渋谷ですら、曲り角でこっちを見ないまま曲って来る人に出あうことがよくある。幸い私が歩いている時には、ぶつかる前に立ち止ってあげるが、そうではなくて自転車やオートバイだったら大変だろう。大勢が横になって、大声でふざけながらやって来る若い（？）女性もいるから、もっと注意してほしいと思うことがある。

そんなわけで、海外旅行について「心の準備」が必要だという意見が、平成八年十二月十五日の『朝日新聞』の投書欄にのっていた――

『　オーストラリア
　ウェンディー・アルウード
（大学生　29歳）

最近、オーストラリアに日本人のワーキングホリデーの若者や観光客が大変増えているが、こちらに来て自由な気持ちになり、オーストラリアでの生活に対して注意を払わないようだ。

オーストラリアでは犯罪が日本に比べて多い。ワーキングホリデーの若者や観光客は犯罪者の格好のターゲットになっている。英語がしゃべれてもしゃべれなくても関係ないようだ。

一般的にオーストラリア人は皆とても優しくて正直だと思われているが、全員がそうではない。例えば、空港についたばかりの若い人に優しい声を掛け、シドニーの町中を案内して安心させ、最終的にお金を盗んだり、ギャンブルに連れていってお金を巻き上げたりする者もいる。それも現金だけでなく、クレジットカードから引き出せるお金までもである。そんなときでも、日本の若者は「ほっといてくれ」とも「やめてくれ」とも言わない。警察にもだれにも助けてもらいたくないからなのか。

日本人の方々は、もっと心の準備をして来たほうがいいと思う。特に、二十代前後の若い人たちは、「自分でどうにかやっていける」という考えを持っているようだ。若い日本の皆さん、「転ばぬ先のつえ」という言葉の意味をよく知ってから来てください。』

非礼とあいさつ

心の準備と言っても、〝ひとを見たら泥棒と思え〟というのではない。やはり公道を歩く

時は、それなりの注意を払って、他人とぶつからないようにしたり、相手が立ち止ってこちらを通してくれたような時は、

「ありがとう」

と、あいさつをするのが世界共通のエチケットだ。黙って平気で行くのは〝無作法《ぶさほう》〟ということになり、「日本人はゴウマンだ」と思われたりする。あいさつの言葉がわからなかったら、日本語で言ってよいし、にこっと笑顔を作って通ってもよい。そういうことが欠落しているのが、不幸にして現代日本人の特色である。

だからといって日本人に愛が欠けているのではない。深切な日本人は外国へ行っても、大変喜ばれているし、ヴォランティアで途上国で働いている女性も沢山《たくさん》いる。しかし愛が不足していると思われるのは、「礼を失っている」時だ。つまり「非礼《ひれい》」のとき、愛を失っていると見られる。「コリント前書」第十三章四―七節には、次のように書かれている。

『愛は寛容にして慈悲あり。愛は妬《ねた》まず、愛は誇《ほこ》らず、驕《たかぶ》らず、非礼《ひれい》を行わず、己《おのれ》の利を求めず、憤《いきど》おらず、人の悪を念《おも》わず、不義を喜ばずして、真理《まこと》の喜ぶところを喜び、凡《おおよ》そ事《こと》忍び、おおよそ事信じ、おおよそ事望《のぞ》み、おおよそ事耐《た》うるなり』

そこでどの国の女性にせよ、男性にせよ、他人だから挨拶をしない、ニコリともしない、向こうの深切に返答もしない、相手の質問にも答えない、知らん顔ですぎ去る――では「愛のない人間」ということになるのである。

さらに又、平成八年十二月十七日の『読売新聞』〝編集手帳〟には、次のような例が記されていた。

『インドネシアに派遣の青年海外協力隊員、佐藤和佳子さんは、二年間の任務を終え、今ごろ帰国するはずだった。が、今夏、現地で交通事故に遭い、二十三歳の命を失った◆秋田県協和町に住む母親の征子さんから小欄にお手紙を頂いた。こみ上げる悲しみの中、若い隊員たちの元気な活躍を祈ってと、協力隊誌「クロスロード」十二月号に寄せた手記が同封されていた◆「惜別の涙は互いに秘めおきて笑顔さやかに飛び発ちゆきぬ」。娘が任地に旅立った時の、母の歌だ。母と並んで写した娘の写真は、はじけるような、ヒマワリのような笑顔を見せている◆農業短大畜産科卒の娘は、東ジャワ州の村の牧場で指導した。「良い人間関係を築くことが大切」との願い通りに、その笑顔は村人たちの人気者に。「コォ」の愛称がついて、村を歩くと「コォー」「コォー」と声がかかった◆その訃報《ふほう》に、現地へ飛んだ母は牧場の一角に娘を分骨埋葬することにした。そこに三百人ほどの村人たちが集まり、花束を供える母を沈痛な表情で見つめていたという◆和佳子さんの死、それは一粒の麦に違いない。一粒を大きく育ててほしいと、征子さんは祈る。本年度第二次派遣の協力隊員二百六十四人が今、それぞれの任地に向かっている。』

愛ふかい人

この佐藤さん母娘は、愛ふかい人であった。だから娘さんはヴォランティアに行ったし、お母さんは若い娘を交通事故で失っても、その娘さんの分骨を村に残して、礼を尽して帰国され、インドネシアの村人たちも、礼を尽してこれを見送ったのである。

このように、愛は表現されなければならない。どんな盗賊や乱暴者にも、愛はある。何故なら、人間は全て「神の子」だから。しかしその愛が充分表現されていないから、いやな人となったり、悪人とも呼ばれるのである。「非礼」やウソが「悪」に連結していることを、充分承知していなければならない。「非礼」とは、行儀作法を身につけていないといった問題ではない。簡単に言うと、あいさつができるか出来ないかである。人の問い掛けに対して、返答しないことが非礼である。公共物を汚して「知らん顔」しているのも非礼である。夫に笑顔を見せない妻も、やはり日々非礼をつみ重ねていて、夫の不作法や暴力と「好一対」をなしているのである。夫の非礼もあとを断たない。

京都府与謝郡岩滝町《ちょう》（天橋立《あまのはしだて》の近く）に住んでおられる三宅《みやけ》静子さん（昭和九年二月生まれ）は、昭和三十二年に生長の家に入信された。しかしまだ総本山の団体参拝練成会に来たことがなかったので、平成五、六年からは、度々参加をすすめられた。けれど、彼女の返事は、

「いやー、私は行かれへんねや。お金はないし、それに時間もないし、主人にはちょっと言いにくいし……」

と答えていた。これは決して非礼ではない、ちゃんと正直に返事をしているからである。けれども白鳩の会長さんからしきりにすすめられるので、〝総本山対策部長〟という仕事を引きうけた。これはやはり総本山の団参に行く人々をすすめる役目である。自分が参加する代りに、他の人を参加させるのだから、ちょっとおかしいと思うかも知れないが、そん

なことはない。良いことだったら、自分がやっていなくても、人にすすめても一向に差しつかえない。例えば、

「今月の歌舞伎は、とても面白いそうよ。行ってごらんになっては？　私はいそがしくて、まだ行けないけど……」

という奥さんがいても、

「ご深切に、ありがとう」

という返事が返って来るのではないだろうか。それとも、ちょっとちがうかな……とにかく静子さんがその対策部長をやって、何人かの人にすすめているうちに、最初はシブシブだった御主人が、やがて団参のポスターを書いてくれるように変化した。これは奥さんの愛行が、自然に御主人の愛行へと、形を変えて現実化したのである。その上夫は、

「九州行き（団参のため）はいつや？」

とたずねるのだった。これは他人が行く日取りを聞いたのではなく、他人をすすめるくらいだから、妻が行きたがっていると思って、「あなたがいつ行くのか」ときいているのだ。こうして静子さんは、平成八年十月二十八日の団体参拝練成会に参加して、体験発表

をして下さったのである。

ケミカライゼーション

ところで三宅さん宅には四人の子供が生まれた。その三番目の子が長男で、善夫《よしお》君と言う。御主人は脩《おさむ》さんと言い、犬や小鳥が大好きだった。善夫君は、生まれて一歳半のころから喘息にかかり、夜もねられない日が続いた。夜半におきて、背中をさすってあげるので、静子さんもヘトヘトだ。朝になるのを待って、病院につれて行ったりしたものである。

小学校に入ってからも、喘息だけは離れなかった。通知簿をもらって来ると、一年間に三十日欠席と書いてある。これを見て、静子さんは、

「あんたは年に二回も夏休みがあるみたい、豪勢《ごうせい》や」

などと冗談を言ったが、心中は苦しかった。何でこうなったのかなと思い悩んだ。すべての現象には、原因があって結果が出て来るから、小児喘息にも原因があるはずだ。そんなことから静子さんは、生長の家のお話を聞きに行き、聖使命会員にも加入した。さらに

は白鳩会の支部長としても活動し出した。こうして人々に「神の子・人間・病も死もなし」の信仰を伝えていると、自分の信仰が深まり、その結果心が変わってくる。内在している神の子の愛が、次第に現象面にも現れて来るからだ。

するとその結果として、すばらしい現象が出るものだが、その前に一種のケミカライゼーションが起った。それは酸にアルカリを加えると中和するが、その時はげしい化学変化が起って、その後に静かに納まるような「迷いの自壊作用《じかいさよう》」のことである。さらに「運命のケミカライゼーション」についても、『生命の實相』にはこう書かれている。

『たとえば今まで前途にみとめていた光明が急に消えてしまって暗黒になる。コロンブスがアメリカ大陸発見の時に、すでにアメリカ大陸に近づいてきたころになると、かえって船員たちが不安に思い出して、コロンブスを監禁するか海へ投げこんで、後へ船を引き返さなければ向こうに陸地なんかはない、といって希望を失い始めたのと同じことでありま す』(頭注版・第1巻・一一〇頁)

即ち善夫君が高校一年生になった時、右の肺が破れて〝自然気胸〟の状態となり、萎縮《いしゅく》してしまったのだ。

そこで急遽《きゅうきょ》入院治療して治ったが、高校二年になった時、左の肺も同様に破れて〝自然気胸〟となってしまった。これも治ることは治ったが、この長男の病変を契機にして静子さんは反省し、夫との不調和が心の原因であったことに気付いた。

かつて静子さんは三宅家に養女に来たのだが、脩さんも三宅家に養子に来た。前にものべたように彼は動物好きで、結婚した時、小鳥と小犬とを連れて来た。勿論荷物も持って来てくれたが、静子さんはその小鳥と小犬とが好きでなかったのである。そのうち子供が四人授かったので、部屋が手狭《てぜま》になった。しかし夫は小鳥の部屋をもっていて、使わせてくれないから、子供部屋がない。しかも山好きの脩さんは、日曜日になると山登りに出かけ、うぐいす、駒どりなどを捜しに、

「山が呼んでる、鳥が呼んでる……」

とかいって出掛けてしまう。そんな夫に腹が立って、静子さんは心の中で夫を審いたのであった。

愛は久遠なり

しかしそのバクハツを表面には出さず、じっと心の中でこらえていた。そんな心の不満が、結果として大事な息子の身体に〝肺が破れる〟ような形で現れて来たのだと気が付いた。そこで静子さんは、ハイの心が大切だと思い直し、そのように心掛けたのである。すると以後善夫君はますます健康体となり、中学生の時と高校生の時には「生長の家」の練成会にも参加するようになった。

さらに大学に入るとヴォランティア精神に目醒め、街頭募金をして、カンボディアに行くと言い出した。五人ほどの仲間と一緒に行くと電話して来たので、静子さんは、

「そんなあぶない所へ行かんでも……」

と言ったが、脩さんがそれを聞いて、

「でも彼らは若いんやし、自分達はそういう勇気がないんやから、行かしたらどうや」

と言うのである。そこで静子さんは、早速「神様が守って下さる」と思い直して安心し

た。それでもまだ少し不安だったので、教化部長さんに相談し、『甘露の法雨』を持たせて、明るい心で送り出した。

このようなすばらしい息子さんが出て来るまでには、静子さんの心の大転換が必要だった。そのきっかけとなったのは、ケミカライゼーションの病気であった。善夫さんはその後間もなくヴォランティア活動を終えて、元気で帰国したが、何も海外へ行くことだけがヴォランティアというのではない。生長の家で伝道活動をしている大部分の人々は、ヴォランティアでやっているのであり、それが絶対神への信仰に結びついている所が、一般のヴォランティアよりも一層意義深いのである。

この信仰心の紅一点《こういってん》があるかないかは、大変な違いであって、時々「生長の家ではヴォランティアをどう考えていますか。やらないのですか」と質問される人もいるが、生長の家は立教の当初から独自の方法でそれをやっているのである。それ故、天災が起ろうと起るまいと、その派遣先が外国であろうと、居住地であろうと、何のテライも気取りもなく、老若男女を問わず、地位財産に関りなく、自分のやりうる範囲で大小様々な愛行活動をやり、それによって夫や、家族や、その他凡ゆる人々のすばらしさに心の眼を開き、和顔・

愛語・讃嘆の生活を展開して行くのである。

前に紹介した「コリント前書」第十三章の続きには、こう書かれている——

『愛は長久《いつ》までも絶ゆることなし。然《さ》れど預言は廃《すた》れ、異言《いげん》は止み、知識もまた廃《すた》らん』（第八節）

神の真言《コトバ》を伝える愛行は、廃ることのない久遠・不滅の実在そのものなのである。

2　何ごとも恐れない

心のゆとり

人はとかく自分本位な考えになりやすい。他人のことや、公衆のこと、国や地球全体のことをおろそかにしやすいものだ。しかし人間は独りで生きて行けるものではないから、全てを〝自給自足〟というわけにもいかず、どうしても「人さま」の助力を受けるのである。ところで平成十二年九月三十日の『読売新聞』に、十五歳の中学生の宮本扶美子さん（東京都世田谷区）の、次のような投書がのっていた。

『この前、駅のエレベーターに車いすの男性が乗ろうとしていた。ところが、たくさんのサラリーマンや学生がその男性を押しのけてエレベーターに乗り、そのまま行ってしまった。

私はとても驚いた。朝だったので急いでいたのかもしれないが、エレベーターは車いすの人に譲るのが常識だ。エレベーターにはわざわざ「お年寄り・体の不自由な人優先」とも書いてあった。

立ち止まって様子を見ていると、男性は次にエレベーターが来るのをじっと待っていた。その光景を見て、何も言えなかった自分が恥ずかしくて悔しかった。

今年、百歳以上のお年寄りは一万三千人を超えた。私が大人になるころは、もっと多くなっているだろう。今後、福祉制度が充実してくれれば、体の不自由な人も街に出て、いろいろなことができるようになるはずだ。でもその時、あの朝の出来事のようなことがあってはいけない。

私は私なりに、体の不自由な人やお年寄りの人たちとの暮らし方を考えていこうと思った。』

サラリーマンや学生たちは、目的地に急いで行きたいだろうが、それでも車椅子の人などには手助け……とまでもいかなくても、せめて席や通路をゆずってあげるだけの「心のゆとり」を持ちたいものだ。「時間がないから」というかも知れないが、もうちょっとだけ出発時刻を繰り上げたらどんなものだろう。昔海軍では、出発五分前に整列する習慣があった。十五歳の中学生さんの良識が大人たちよりも優れていたという光景である。

さらにこの投書の下には、こんな話も書かれていた。これも東京都小金井市の大木薫さん（七二）のものだが――

『高校教師時代の教え子の葬儀に参列した。彼は六十二歳。商業高校卒業と同時に、一流会社に就職して経理部長まで務め、定年前に関連会社の役員に就任した。現役のままの死だった。

彼はヘビースモーカーで、たばこを離さない生活をしていた。会う度にたばこをやめるよう注意していたが、聞く耳をもたず、肺がんで亡くなった。ひつぎの中には、たくさんのたばこが入れられていた。葬儀参列者の喫煙が多いことも気になった。

同じころ、別の教え子も肺がんで亡くなった。彼女は独身のキャリアウーマンで、ヘビースモーカーだった。高校在学中はバレー部で活躍し、健康には自信があったはずだ。やはりたばこが彼女の命を奪ったのだと思った。五十三歳だった。

喫煙の影響には個人差がある。だが、喫煙は高速道路の上を歩くぐらいの危険があると言えないか。まれに無事に歩きおおせる人がいても、「だから安全だ」とはならない。人生をたばこによって奪われないためにも注意したいものだ。』

生きのびる人もあるが

この人の「喫煙は高速道路を歩くぐらいの危険がある」という比喩《ひゆ》はなかなか面白い。たしかにタバコを吸っても肺ガンにならないで長生きする人もいる。それは高速道路を歩いても、人身事故にならないですむ場合もあるようなものだろう。しかしその間、多くのドライヴァーは、〝歩く人〟によってドキッとさせられたり、徐行させられたりして、何らかの迷惑をうける。だから世界中どこでも高速道路では、歩行者は禁止されているのである。

しかし日本では、ほとんどの場所でタバコは禁止されていないし、通行中も平気で吸っている。するとその〝排気ガス〟を近くの人は強制的に吸わされる。だから多くの人の安全と健康のためには、「自主的に」やめるのが一番よいということになる。それが他人に対する思いやりでもあり、自分自身のためにもよい結果をもたらすのである。単に、「オレの身体だから、いらぬ心配をするな」

というだけの話ではない。勿論、法律や市の条令などで「禁煙」ときめることはできる。しかしそれでは「かくれてこっそり吸う」というイヤシイ根性は直らない。又その条令違反を取りしまるために、多くの人々を雇うならば、その公費は莫大《ばくだい》なものになるはずである。

だから人々の心が自覚を深め、自ら進んで「無駄で実害のある行為はやめよう」ときめるのが最善の道である。本当をいうと、都市に一方通行の道を作ったり、駐車禁止地帯を作ったりするよりも、「自由にさせる」というのが「規制緩和」の方向である。自由社会の目ざすところは、法律や条令で禁止することを、なるべく少なくする点だ。しかしもし人間が「自分勝手」を「自由」とはき違えているならば、たちまち道路は駐車する車で一杯になるだろう。こうして都市では自動車が役に立たぬという現象が起り、人々は結局歩いたり、自転車をこいだりするくらいの生活をすることになる。すると忽ち排気ガスは一掃《いっそう》されて、きれいな空気を吸う健康生活がおとずれるであろう。

倒産と失業

しかしこれでは江戸時代以前への逆もどりとなり、折角の機械文明も輸出産業も、華やかな商店街も没落するにちがいない。喫煙も自由にさせ、幼児の時から吸ってもいいよ、同じ吸うならニコチンのきついやつを吸うのが経済的だなどとなったら、その社会はガンや重病人の満ちあふれるところとなって、国は必ず没落しそうな気配である。そこでせいぜい都市内では、排気ガスの出ない車、電気自動車や天然ガス車などに制限するという方法が〝現実的〟となるのである。タバコの方は思い切った重税をかける方法もあるが、果してその政権がもつかどうか……

だがそういう話をすると、必ず猛烈に反対する人がある。そして現実の政治家は決してこのような案を採用しないし、ただ一種の「空論」に終り、二十一世紀内には実現しないという結果になるだろう。しかし考え方を変えると、より一層着実な〝進歩向上〟の道がある。それは多くの人々に内在する「神性・仏性」の完全円満さを知らせ、神や仏の世界は「完全円満大調和」であることを語り、「神の子・人間」のすばらしさを自覚してもらい、人はみな他人や社会や国のためにつくすのが、自己本来の喜びであり、目的であり、救いであることを強調する信仰を弘めることである。

こうして内在の〝神の声〟に従って、明るくたのしく生きようとする人々が一人でもふえてくれば、その周囲には人を押しのけて電車やバスに乗ろうとする人は減少するだろう。環境や行動は心の影だからである。他人の迷惑をかえりみず、タバコをふかして自己満足をする人も減少するに違いないのである。

人によると信仰を弘めたり、深めたりすることでは、現実生活を良くしえない。単なる「なぐさめ事だ」と思うかも知れないが、決してそうではない。一人ひとりの行動が変化し、心が愛や感謝にみたされると、家庭が明るくなり、健全となり、大調和して、そこに思わぬ幸せや、豊かさや、自由自在が出現してくるからである。

例えば平成十二年九月二十七日の総本山で行われた団体参拝練成会で、熊本県の鹿本《かもと》郡鹿本町下高橋に住んでおられる木村浩一《こういち》さん（昭和二十八年十二月生まれ）が、次のような体験を話して下さったことがある。以前木村さんがつとめていた会社は、その会社が町の発展につながるだろうというので、町で誘致した〝女性の下着や衣類を作る会社〟だった。そのため木村さんの家でも町への協力のため、田畑を提供したし、木村さんはその会社に勤めていた。当時社員は百四十名ぐらいだったが、二、三年前からは営業が危なくなり、平成十二年の三月になって、

「四十五歳以上の人は、退職願いを出してほしい」

と通知された。しかし木村さんの家ではまだ大学二年生になった双子と、高校三年生の子供がいて、一番出費が重なる時期だった。もし会社が倒産すれば、いやでも失業することになる。そこで家庭で相談し合い、四月二十日付けで退職した。その後職安に毎日足を運んで、次の職を探したが、四十六歳以上の再就職は大変難しいのであった。

仕事がしたい

ところがその職探しの時、母親の生子《せいこ》さんと奥さんのひさ子さんが、生長の家の教化部の改修のために沢山の献資をした。

「何故だ!?」

と彼は大いなる疑問を感じた。

「俺は家族のために一所懸命で仕事を探しとる。収入はないのに、今献金などしなくてもよいではないか。もう生長の家なんかやめてしまえ!」

と思い、怒って母親に文句を言った。すると生子さんが答えるには、

「人は貧乏な時ほど、善徳を積まなければいけないのです」

あまり深い信仰を持っていなかった浩一さんは、そんなことはとても納得できない。しかもひさ子さんが子供三人分の献資をまだしとらんから、追加して献金したいといいだすではないか。浩一さんはヤケッパチになって、

「おう、そんならやってこい。どげんかなるバイ！」

と言って、腹をくくった。するとその後、思わぬ額の退職金が入って来たのであった。

「与えよ、さらば与えられん」が実現したのである。そこで浩一さんはいささか反省するところもあり、それじゃ再就職するためにも、総本山に行って心を浄めて来ようかと思った。するとと六月ごろになって、地方講師の中村忠次氏から「地方講師・光明実践委員研修会*があるので、総本山に連れて行ってほしい」との依頼があった。

そこで浩一さんは、それなら自分には今その研修に参加する資格はないが、これはよかった、車にのせて行ってあげようと思ったのである。そこで早速車に中村氏をのせて総本山に向かった。しかし講師の資格がないから会場には入れない。仕方なく道場の前のロビーの椅子に腰かけて、中からもれてくるお話を聞いていた。

するとその帰途《きと》車の中で、中村忠次先生がこう言われた。

「何でもかんでも、喜ぶがよかバイ。カツガツ喜ばにゃいかん、何でも素直に喜んで、前向きに考えにゃいかん……」

それを聞いて浩一さんは、そうだ、私はソレをやっていなかった、と気が付き、

「ああ、これだけでも、自分は生長の家へ行った甲斐があったバイ」

と思ったのである。こうして帰ってくると、すぐさまひさ子さんの父が、

「おい、鹿本養鶏に勤めてみらんか」

と声をかけて下さった。今まで浩一さんは職安に何回足を運んでも、どこにも職が見つからなかったのに、今度は向こうから仕事がやって来た。ああよかった。父を通じて、神さまが与えて下さったのだ。ありがたい――と思って早速その養鶏場の組合長さんに面接に行った。すると、組合長さんは彼に、

「うちは、給料が安かですよ」

と、まず最初にクギをさされた。

「あ、給料ですか。お金じゃありません。私は仕事がしたいんです。どうかお願いします」

と答えた。すると、

「ああ、ほんなら分かった。明日から仕事に出てこい」

と言われて、再就職が決まった。

運がよい

　こうして一週間ぐらい経ったころ、組合長さんが木村さんの仕事の現場を見に来られた。あいにくその日は雨が降っていたので、木村さんが鶏糞を出していると、雨にぬれた鶏糞が、組合長さんの顔にペチャッとくっついた。組合長さんはイヤーな顔をされた。そこで木村さんは思わずこう言った。

「組合長さん、嫌な顔をせんで下さい。今肛門さまから生まれたホッカホカのウンが付いたんですから、今日一日運がよかですよ」

　それは「何でんかんでん喜べ」と言われた中村講師の言葉を思い出したからだ。すると不思議なことに、その言葉が組合長さんの心を打ったらしく、二人で大笑いをして、その場はおさまった。

　そして十万羽の鶏が七万八千個ぐらい、毎日卵を生んでいたのが、次の日から次第に注文がふえ、やがて生産が追いつかないくらい繁盛しはじめた、と話されたのである。

人生では、何か不如意《ふにょい》な出来事が起ったり、失敗や困難を経験することもあるだろう。木村さんの場合は失業して、再就職に苦しんだ時期があった。しかしこの困難も、決して無意味な出来事ではなかったのである。『真理の吟唱』*という谷口大聖師の書物には、「困難を克服して伸びる祈り」という一節がある（二〇六―九頁）。その中に、次のようなお言葉が記されている――

『（前略）暗黒と見える時にも生命の生長の営《いとな》みは行なわれているのであって、植物は、夜のうちに一層伸びるということである。われわれの魂も、境遇が苛辣《からつ》であり、周囲の一切のものがただ暗黒に閉《とざ》されていると見える時には、かえっていろいろの反省や努力が行なわれて、明るい幸運にめぐまれている時には、ないがしろにせられていた魂の部分が一層伸び且《か》つ向上し進化するのである。（後略）』（二〇七頁）

では幸福で繁栄していると伸びないのかというと、そうではなく、

『魂にとっては、明暗ともに、生長と進歩との機会なのである。悪《あ》しきものは宇宙のどこにも存在しないのである』（二〇七―八頁）

と記されている。それは人間の生理でも、夜には夜の、昼には昼の生理が働き、健康体

を維持し、生長を続けていくようなものである。

木村さんの場合は、その失業期間中に、大いに信仰を深め、「何でもかんでも、喜ぶがよかバイ」を教えられたのだ。そしてそれを奥さんや母親さんが「献金」という形で、しっかりと支えて下さったのである。よいことのために奉仕する。すると必ず良い結果が出てくるのであって、表面的な金儲けとは逆のことをやっても、それが神意に即しているならば、必ず百倍にも、千倍にもなって返ってくるものである。

＊光明実践委員＝生長の家の教えを自らの居住地域で伝える、一定の資格を持った、ボランティアの講師。
＊『真理の吟唱』＝谷口雅春著。霊感によって受けた真理の啓示を、朗読しやすいリズムを持った文体で書かれた〝真理を唱える文章〟集。（日本教文社刊）

3 無限力を引き出す

隠れているいのち

かつて十年ほど前に、中味がピンク色のおいしいグレープ・フルーツを食べたことがあった。するとその中に立派な種子があって、その一つが芽を出していた。これは「生きている」という証拠だから、それをムザムザ捨てるに忍びず、鉢植えにした。だいぶ芽が伸びたころ、庭の中の一番日当りのよいような場所に植えておいた。すると毎年大きくなってゆき、何年かたつと花が咲き、小さな実らしいものができるようになった。

しかし気候が適しないためか、毎年なる実はすぐ落ちてしまって、どの実も育ったものはなかったのである。ところが平成十二年には、たった一つだけ、直径七センチぐらいの実となり、やがて濃い黄色になってきた。私とその他一同は大いに悦び合ったものだ。植物の専門家の話によると、東京あたりではグレープ・フルーツは実らないと言うことだが、その年は暖冬だったせいか、たった一つでも実ったのは、この樹にも偉大な生命力がかくされていた証拠であろう。それが今まで、どこか目に見えない所に隠れていたのである。

一本の果樹のいのちも、隠れているから目には見えないが、人のいのちにも、すばらしい力が隠されている。それ故《ゆえ》今どんなにうらぶれ果てているようでも、それは一時的な外見に他ならず、時機を得れば、必ず花開き、実を結ぶものである。

ことに人間には「神の子」と呼ばれるような「神を認識する力」がある。他の生物は「神」や「仏」を認めることができなくても、人間には「認める力」がある。神を否定する人でも、神というものの概念が分からなければ否定すらできない。即ち取りも直さず、神性・仏性が人間のいのちの本質だから、他の動物と違ってこれが出来るのであり、その神性・仏性が完全に備わっているから、「人間・神の子」あるいは「仏」と言われるのである。そして「人の子」が「人」である如く、「犬の子」が「犬」である如く、「神の子」は

「神」なのである。

心機一転

平成十二年二月十三日に、私は福岡県太宰府《だざい》市にある〝ゆには練成道場〟での特別練成会*に出席して、当日の午前中に数人の参加者から体験談発表を聞いた。その中の一人のMさん（昭和二十年一月生まれ）が、以下のような話をして下さった（匿名を希望されたので、住所氏名はさしひかえる）。

Mさんは数年以前に、福岡のある病院で管理職の仕事をしていた。夫婦円満で、きびしい仕事に専念していたが、どうしたことかイジメにあい、精神的にも肉体的にもくたびれ果てた。こうして遂に膵炎《すいえん》を発病し、二回ほどその病院に入院した。その直接の原因は、Mさんが仕事で辛いことがあったり、イジメにあうと、好きな酒をのんで心を紛《まぎ》らわしていたからだったようだ。

その後途方に暮れる思いで、奥さんとは離婚し、子供も奥さんのところに置いたままで家を出た。平成十二年には娘さんが二十歳になり、息子さんは高校三年生になったという話で、Mさんは現在も毎月仕送りを続けておられるということである。

さて夫婦別れをしてからのMさんは、うつ状態になり、いつしか放浪の旅に出た。フト気がついた時、新幹線で広島まで行っていた。金もなく家もなく、それからはホームレスとなって生活した。今まで通りスーツを着てはいたが、ボロボロになった。持ち金も十円か二十円くらいしかない。そんな時、ある別のホームレスがMさんに千円の金をくれたのである。さらに握り飯も食べさせてくれた。

そんな深切をうけて、外形や生活はホームレスでも、彼らは皆「よい人だ」と思うようになった。このホームレス氏のおかげで当座をしのぐことができたMさんは、何とか工面《くめん》して博多に帰って行き、病院をやめた。そのころは完全にうつ状態になっていたが、幸いなことに、昔からMさんの姉さんが生長の家を信じていて、彼に聖経『甘露の法雨』を下さったことがあった。そこでMさんは広島まで放浪して行った時も、この聖経を枕にして眠っていたのだ。そこで福岡に帰ると、姉や母からすすめられ、平成八年九月の〝ゆには練成会〟に参加したのである。

当時も吉倉《よしくら》本部講師*が教化部長をしておられたが、Mさんは二日、三日とたつうちに、次第に明るさを増し、正気を取りもどしたかのようであった。練成会に来た当時は、全ての物も人も皆同じように見えていたが、次第に区別がつくようになった。〝浄心行〟*では一切の過去現在のなやみ苦しみを洗い流した。今まで自分をいじめていた全ての人々をゆるし、過去五十年の一切を洗い浄めて、心がサッパリして練成を終ったのだ。

こうして心機一転し、練成道場から出た次の日には、すぐに仕事が見つかった。Mさんはもともと薬剤師の資格を持っていたから、ある薬局に勤めることができた。現在もその薬局には一日に五百名も患者さんが来店されるという、県でも一、二をあらそう調剤薬局なのだそうである。Mさんは今そこで、一人一人のお客さんに温かく話しかけ、できるだけ人間としての底力を出すように心がけて、助言しはげましておられるということである。

隠れ善人

一見、何の力もなく、役に立たない存在のように見えていても、人間には無限の力が隠されている。それは人のいのちが無限であり、神性であり仏性だからである。しかしその力の大半は隠されている。その隠された状態を〝罪〟（包み）というのである。包装紙に包まれた商品のようなものだ。その外形を見て、〝罪人〟といったりする人もある。しかし中味は神の子で、仏であるのだ。それ故《ゆえ》ホームレスとは言っても、「良心」があるし、「行動力」もある。路上に飲みかけのカンジュースをそのまま捨てて立ち去る人もいるが、その残ったカンの中のジュースを活用して、飲んでくれるホームレス氏と、果してどちらが「地球環境の保護」に貢献しているのだろうか。

私がよく行っている理髪店の主人公がいつか話していた。この人は代々木公園を通って自宅から店まで出勤するそうだ。すると代々木公園内外に住むホームレス氏とよく出あうことがある。銀杏《いちょう》の実が熟するころになると、落ちた実を拾うこともある。そうしていると、ホームレス氏が口を出して、

「オレが樹の上からゆすってあげるから、拾いなさい」

と言って、銀杏の樹に登って樹の枝をゆすってくれる。こうしてまるでその銀杏の大樹が自分の〝持ち物〟であり、その実をタダでくれてやっているように、満足そうな顔付き

だという。するとこっちもゆすってもらって、たっぷりと銀杏を拾うことができて有難いのだ――という話だった。

このホームレス氏も、公共物である銀杏の樹を、あたかも〝自分のもの〟であるかのように考える〝豊かな心〟の持主でもある。しかも〝与える心〟も持ち合わせている「隠れた善人」であると言えるだろう。

かつて生長の家の幹部のある人が、自分がどうして「無限の富者」か分からないと思っていたころ、ある日デパートに行き、そこにある商品の全部が自分のものだ、それをその○○デパートという倉庫においているのである。そしてお客さんにはただ金銭と引きかえに差し上げている、そうした「無限の富者」が自分だと考えついた。こうして以来毎日愉快にくらし、本当に明るい豊かな「無限供給」の生活ができるようになったという話をしてくれたことがあった。

つまり人間には「何をどう考え、どう取り扱うか」という自由がある。そして全てを神様からの賜《たまわ》り物と考えることができると、全ての人と物とに感謝できるが、全ての人や物が自分の富を横取りする敵であり他物だと考えると、極めて暗く憂鬱な日々を送り、凡ゆる商法や計画が瓦解《がかい》して行くようになるのである。

しかしだからといって、公私を混同して、公共物を私のものだとばかり、そこに落書きをしたり、万引きをしたり、公金で飲み食いし、公金横領までするなどという〝不法行為〟をしてはいけない。それは単に私欲をのさばらせ、公共のものや人に損害を与えているだけであるから、「無限の富者」の自覚でも何でもない。

とにかく私物でも公共物でも、大切に使うことが極めて重要だ。何故なら全てが〝神の賜物《たまもの》〟だからである。このような愛と感謝の心があれば、公私を問わず机でも椅子でも、衣服でも動植物でも、一木一草に至るまで愛をこめて大切に取り扱うだろう。すると全ての物品も長持ちがして、その物品の使命を完うし、「地球資源の保護」にも最大の貢献をする。これはどんなリサイクル方法よりも簡単な、そして安上りな方法なのである。

父母の信仰の大切さ

それ故、「中古品を使う」ということも、資源保護につながる。兄弟が次々に年下の者に衣服を譲ったり、兄や姉の「お古を使う」ということも「物を大切にする」ことになる。従って新製品が出たからといって、すぐそれを使って今までのものを〝捨て去る〟のではなく、中古店に売るといった方が、はるかに〝資源保護〟に役立つ。近ごろは古い昔の住宅を取りこわしても、その材木を生かして使う材木店も出て来ているが、材木には千年近くも使えるものがいくらでもある。自然の大木を伐《き》り倒してばかりではなく、古材をできるだけ「生かして使う」ことも大切な愛行である。

木や物でもその中に隠された力を引き出すのが善行であるから、人の中に隠れている力を引き出すことは、きわめての善行で、その愛行の功徳は絶大である。Mさんと同じ日の「ゆには練成会」で発表して下さった田中雅博《まさひろ》さん（昭和二十七年十月生まれ・福岡市城南区別府《べふ》在住）は、佳代子さんという奥さんと二人で不動産業を営み、約八年になった。ところが平成十一年二月ごろから売り上げが落ちはじめたのは、バブル崩壊による後遺症であろう。それまで田中さんは夫婦二人で力を合わせて仕事をしていたが、十月ごろになると仕事量が平年の三分の一ほど落ち込み、その上奥さんが「もう不動産業はやりたくない」と言い出したのだ。

相撲で言えば、土俵の俵に両足がかかり、片方の足がまさに外れようとしている瀬戸際《せとぎわ》といってもよい状態だった。この状況をどうやって乗り越えるか――そう考え悩んだ時、田中さんは生長の家の練成会を思いついた。というのは田中さんのご両親が熱心な生長の家の信仰者だったからである。父は十年前に死去されたが、母のご両親も生長の家をやっておられた。そこで雅博さんは三代目の生長の家、その上名前にも「雅」の一字をつけてもらっていた。

だからこのような時こそ練成会へ行くべきだと考えついたのは当然で、幸運でもあった。けれども当時の彼には練成会の期間十日間も会社を休むことができないと思ったが、平成十一年の十二月、さらに十二年の一月に、土曜と日曜とを利用して「ゆには練成会」に参加した。すると道場での講師のお話が一つ一つ、まるで彼一人のために話して下さっているように感ぜられ、時にはうなずき、時には感動して涙を流しながら聴聞《ちょうもん》した。

こうして早朝の神想観の時間には、真剣に「無限力」の充満する神の世界を心に描きみつめ祈ったのである。するとどこからともなく、声なき声のように、

「雅博、神様はすでに与え済み、すでに与え済み！」

というコトバが浮かんできた。彼は成人して以来今まで、考えていたことと言えば、今日の売上げはいくら、明日の売上げは……と、もうかったとか、いくら損をしたかといったことばかりが主体だった。しかし今は、「そういう自分にあいそをつかしている」ということに気付いたのである。

ところがこの自分の生長を、母が喜んでいて下さるし、よいアドバイスをしてくれる兄が二人もいる。結婚して十四年になる妻は自分を信頼してついて来てくれている。神の子の子供二人がいて、長男は十二歳、長女は八歳にまで育った。そして妻のご両親は自分たちの成功を支えていて下さっている。友人やお客様も信頼して下さっている。こんなに多くの人々に支えられている自分だと気付いたとき、感謝の気持で涙があふれ落ちるのであった。

善業と善果

そのような気持になった時、講師の方々が言われた聖使命会のことを思い出した。そそして今は、先ず自分の出来ることから始めようと決意し、「今までのお客様二十名に聖使命会員になって頂こうときめた」、と発表されたのであった。聖使命会員というのは、毎月自分の収入の幾ばくかを光明化運動の資金として献納しようという会員のことである。

何名しなければならないということはない。ただいくら小さくてもよいから、出来ることから「善業《ぜんごう》」を積もうという心がすばらしい。どんなことでも、善行を始めることが大切だ。すると善行はつもりつもって善業となり、それは必ず善果をもたらすのである。それ故釈尊は、

「飢饉《ききん》の時ほど托鉢《たくはつ》をせよ」

と教えられた。托鉢とは相手に鉢を托して、何ほどかのほどこしを乞う。それは「与える心」を起させて、相手に善業を積ませる行為である。すると飢饉になるような悪しき業の集積が消え、次々に善業の報いが出てくるようになるのである。あるいは又、「貧者の一灯」という話が「阿闍世王受決経《あじゃせおうじゆけつきよう》」には出てくる。

即ち仏が阿闍世王の招待をうけ、祇園精舎《ぎおんしようじや》に帰ろうとされた時、王は万灯をともして王宮から精舎への道を照らして下さった。その時一人の貧しい女性が、一灯を献じて仏に供

養したいと思ったが、そのお金がない。そこで自分の髪を切り、それを売って一灯を点じたのである。そこへ一陣の風が吹き、その風のため王の万灯は消えたが、貧女の一灯だけは消えずに光り輝いたという話だ。

つまり金銭や物品の多寡《たか》ではなく、そこに込められた誠心こそが一番大切な宝だということである。このように信仰の大きさや深さは、その外見や外形ではない。真・善・美のことごとくが、そのような「見えざるもの」である。そこでMさんに一千円を献じてくれたホームレスの善行は、必ず本人にも善果をもたらすにちがいない。何故なら、ホームレスがホームレスに寄付したのであるから、貧女の一灯の如く「愛が深かった」と言えるからである。

「与える心」は、又同時に「受ける心」でもある。何故なら、「受ける人」がいないと、「与える行為」は宙に浮くであろう。そのように、真理を受けとり、受容するには、真理を「与える」ところの「伝道」がなくてはならない。人は与えることによってのみ、与えられる喜びを得るのである。しかも「与える」には「人・時・処の三相応《さんそうおう》」を得なければならない。

即ち、ドブに捨てるようなお金や、豚に与える真珠の如くであっては、何の役にも立たないし、地球の富を隠蔽《いんぺい》するだけになってしまう。だれに与えるか、というその人を得、処を得、時を得なければならない。その意味において、「時」が大切である。従って時間を大切にしない約束違反の人々には、真の「無限力」は現れて来ないということになるのである。

＊〝ゆには練成道場〟での特別練成会＝福岡県太宰府市都府楼南五－一－一にある、生長の家本部直轄練成道場で、著者指導の下に行われる年一回の特別練成会。

＊本部講師＝生長の家総裁により任命され、本部直轄の下に生長の家の教えを布教する講師。

＊〝浄心行〟＝心の中にある、憎しみや悲しみなどを紙に書き、それを生長の家のお経を読誦する中で焼却し、心を浄める宗教行事。

コトバは生きている〔完〕

コトバは生《い》きている

平成十四年二月十五日　初版発行
平成二十六年四月十日　九版発行

著者　谷口清超（たにぐち　せいちょう）〈検印省略〉

発行者　岸　重人
発行所　株式会社　日本教文社
東京都港区赤坂九―六―四四　〒一〇七―八六七四
電話　〇三（三四〇一）九一一一（代表）
〇三（三四〇一）九一一四（編集）
FAX〇三（三四〇一）九一一八（編集）
〇三（三四〇一）九一三九（営業）
頒布所　財団法人　世界聖典普及協会
東京都港区赤坂九―六―三三　〒一〇七―八六九一
電話　〇三（三四〇三）一五〇一（代表）
振替　〇〇一一〇―七―一二〇五四九
印刷　東港出版印刷株式会社
製本　牧製本印刷株式会社
組版　レディバード

ISBN978-4-531-05222-6

日本教文社のホームページ
http://www.kyobunsha.jp/

谷口雅宣著 ¥1333 **生長の家ってどんな教え？** ――問答有用、生長の家講習会	生長の家講習会における教義の柱についての講話と、参加者との質疑応答の記録で構成。唯神実相、唯心所現、万教帰一の教えの真髄を現代的かつ平明に説く。 生長の家発行／日本教文社発売
谷口雅宣著 ¥1524 **次世代への決断** ――宗教者が“脱原発”を決めた理由	東日本大震災とそれに伴う原発事故から学ぶべき教訓とは何か――次世代の子や孫のために“脱原発”から自然と調和した文明を構築する道を示す希望の書。 生長の家発行／日本教文社発売
谷口清超著 ¥914 **『甘露の法雨』をよもう**	生長の家のお経である聖経『甘露の法雨』が幸福をもたらし、沢山の功徳を生むのは何故か。豊富な実例と理論から、日々読誦の大切さと素晴らしさを詳解する。
谷口清超著 ¥724 **神想観はすばらしい**	実践する人に数多くの体験をもたらしている生長の家独特の瞑想法――その神想観のすばらしさと行い方を簡単にわかりやすく解説する入門書。＜イラスト多数＞
谷口清超著 ¥905 **皆神の子ですばらしい**	受ける愛から与える愛へ、更に憎んでいる人をも赦した時、難問題は解決し、人生に悦びを見出した多くの体験実話を繙き、人間神の子に目覚める素晴らしさを詳解。
谷口雅春著 ¥1162 **新版 生 活 読 本**	幸福とは何か？　本書は、幸福になるための様々な処方を具体的に示し、日常生活をどのように生きてゆけばよいのか指針を与えます。初版以来ロングセラーを続けている好著。
谷口雅春著 ¥1238 **新版 詳説　神想観**	宇宙大生命と直結する卓越した観法が神想観である。祈りと生活を合致させる最善の方法を初心者にもわかりやすく詳述する名篇。神想観のやり方…他。

株式会社 日本教文社 〒107-8674 東京都港区赤坂 9-6-44 電話 03-3401-9111（代表）
日本教文社のホームページ　http://www.kyobunsha.jp/
宗教法人「生長の家」〒409-1501 山梨県北杜市大泉町西井出 8240 番地 2103 電話 0551-45-7777（代表）
生長の家のホームページ　http://www.jp.seicho-no-ie.org/
各本体価格（税抜）は平成 26 年 4 月 1 日現在のものです。品切れの際はご容赦ください。